L'ÉCONOMIE EN INFOGRAPHIES

經濟學

ECONOMICS INFOGRAPHICS

視覺資訊 € 全解讀

融合經濟學理論 + 時事 + 思辨
化繁為簡、一眼就懂、拚經濟的必備讀本！

法國國家發展主權基金 CDC 經濟研究員 Sylvain Baillehache、 Yann Tampéreau、Cédric Thellier —著

地球觀　57

經濟學・視覺資訊全解讀
Economics Infographics

主　　編　　希爾帆・巴雅許 (Sylvain Baillehache)
　　　　　　揚・唐貝侯 (Yann Tampéreau)
　　　　　　賽德利克・德利耶 (Cédric Thellier)
繪　　者　　嘉艾爾・埃田 (Gaël Étienne)
譯　　者　　陳郁雯

野人文化股份有限公司　　　　　　　**讀書共和國出版集團**
社　　長　　張瑩瑩　　　　　　社　　　　　長　　郭重興
總 編 輯　　蔡麗真　　　　　　發行人兼出版總監　　曾大福
責任編輯　　陳瑾璇　　　　　　業 務 平 臺 總 經 理　　李雪麗
協力編輯　　余純菁　　　　　　業 務 平 臺 副 總 經 理　　李復民
專業校對　　林昌榮　　　　　　實 體 通 路 協 理　　林詩富
行銷企劃　　林麗紅　　　　　　網路暨海外通路協理　　張鑫峰
封面設計　　児日設計　　　　　特 販 通 路 協 理　　陳綺瑩
內頁排版　　洪素貞　　　　　　印　　　　　務　　黃禮賢、李孟儒

出　　版　　野人文化股份有限公司
發　　行　　遠足文化事業股份有限公司
　　　　　　地址：231新北市新店區民權路108-2號9樓
　　　　　　電話：（02）2218-1417　傳真：（02）8667-1065
　　　　　　電子信箱：service@bookrep.com.tw
　　　　　　網址：www.bookrep.com.tw
　　　　　　郵撥帳號：19504465遠足文化事業股份有限公司
　　　　　　客服專線：0800-221-029
法律顧問　　華洋法律事務所　蘇文生律師
印　　製　　凱林彩印股份有限公司
初版首刷　　2020年04月

國家圖書館出版品預行編目 (CIP) 資料

經濟學・視覺資訊全解讀／希爾帆・巴雅許（Sylvain
Baillehache）、揚・唐貝侯 (Yann Tampéreau)、賽
德利克・德利耶 (Cédric Thellier) 作；陳郁雯譯.
-- 初版 . -- 新北市：野人文化出版：遠足文化發行，
2020.04
　　面；　公分 . -- (地球觀；57)
譯自：L'ÉCONOMIE EN INFOGRAPHIES
ISBN 978-986-384-403-7(平裝)

1. 經濟學

550　　　　　　　　　　　　　　　108021042

經濟學・視覺資訊全解讀

線上讀者回函專用 QR CODE，你的
寶貴意見，將是我們進步的最大動力。

野人文化　野人文化
官方網頁　讀者回函

用 Infographics 資訊圖表讀經濟學，看懂政經時事、金融市場的運作與陷阱！

一般民眾每天都必須運用最基本的經濟與金融知識做出許多決定，我們以投身業界多年之經驗，將最有助於學習經濟學的重要數據、概念及運作機制整理於本書之中，而這些也是我們認為最關鍵的經濟學入門知識。

關於 GDP：
經濟好，生活品質不一定好

身為公民應當了解自己國家的經濟狀況，但是我們往往只能從國內生產毛額（GDP）的數字探知盈虧。為了幫助各位讀者了解週期性分析（短期）與結構性分析（長期致富）之差異，本書將著重說明景氣循環（business cycle; economic cycle，即「國家總體經濟活動的波動」）的概念，同時指出只靠 GDP 數字評估經濟狀況會面臨哪些局限（經濟成長背後也許有不平等現象、對環境友善程度不同等等）。

我們也將仔細討論一些既有的成見（如「經濟愈好，生活品質就愈好」、「把錢存在銀行等於讓錢睡著」），並說明長期經濟成長的不同面向。

關於通貨膨脹：通膨一定不好嗎？

不論是花費賺來的薪水或掙取薪資，我們都會遇到商品或服務價格上漲的問題。在本書中，我們會先解說通貨膨脹的計算方

法，再探討通貨膨脹的原因及優缺點（因人而異）。我們將以數據為本，分析採用歐元是否會導致通貨膨脹（這是很常見的看法），並討論如何建立中長期的通貨膨脹預測。

關於經濟政策：看懂誰在亂開支票！

在全國性或地方性的選舉中，人們以選票在諸多截然不同的經濟政見中做出選擇。除了了解候選人對外宣傳的那些表面上的影響以外，認識政見的深層義涵亦非常重要。經濟政策一定要以不斷提升經濟成長為目標嗎？有沒有像萬靈丹一樣的經濟政策，能讓所有人都受惠，後續效應也能精準預測？預算政策和貨幣政策有何不同？獨立於政府預算機關之外的中央銀行是為國民服務，還是為市場服務？中央銀行究竟扮演何種角色？

公民如果想對公共事務做出謹慎且恰當的選擇，一定要對政策的運作機制有足夠的認識，這就是我們撰寫「經濟政策」這個主題的最大目的。

經濟政策的目的是避免國家陷入困境，例如失業問題或是財富分配不均。失業率是怎麼計算出來的？面對失業問題，每個人的處境都相同嗎？為了回答這些問題，我們將試著釐清不同機構發表的失業數據有何差異，以及目前的運作機制為何。針對勞動市場和薪資的議題，為什麼必須高度重視不平等現象？法國目前的情況究竟有多嚴重？我們將重新檢視不同失業型態適用的改善方案，並說明為何有些常見的主張反而可能無濟於事（例如全面調薪必會帶來經濟成長和就業成長）。

關於金融市場：
要怎麼在股市中獲利？

說到儲蓄，最重要的是做出正確的選擇，讓報酬率和遭遇潛在風險的機率相抵，因為正確的儲蓄行為對經濟成長和就業市場都有益處。

要怎麼在金融市場上獲利？為什麼股市行情總像坐雲霄飛車？我們將會介紹不同資產的價格是透過哪些機制形成的。因為金融

活動不是關起門來玩的遊戲，本書第一部分將介紹經濟與貨幣機制如何與金融市場互動，以解釋全球市場對法國股市和利率的影響。因此，貨幣、債券、股票及外匯市場都在我們的探究之列。

這些概念可以幫助我們剖析一個重要的問題：歐元區為何要使用單一貨幣？歐元如何運作？我們會盡量以最淺顯易懂的方式說明，但是不會過度簡化地推論。

實際執行有關：本書的出發點是知識普及，方法上著重實務面，因此無法顧及所有課題。

藉由本書，我們期望讀者對各種經濟問題能有更清晰的認識，能夠破除某些迷思，以及學習自己思考相關問題並做出決策。當然，我們也希望各位讀者對經濟學產生進一步研究探討的興趣！

最強的 Infographics 資訊圖表分析

資訊圖表（infographics）能幫助一般大眾掌握整體概況，但是無法取代各個領域的經濟學者、指標性的相關機構、資產管理顧問等專業人士的觀察。

在此也要提醒各位讀者，本書的內容有其局限，部分原因來自這個學科的本質：經濟學畢竟是一門科學，必然有一定的複雜度，而作為一門人文科學，難免有理論與現實之間的落差，因為經濟體系的核心畢竟是人，而人的行為難以預測。有一些局限則與

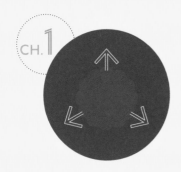

第一章
經濟成長
ECONOMIC GROWTH

第二章
通貨膨脹
INFLATION

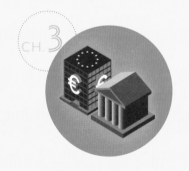

第三章
經濟政策
ECONOMIC POLICIES

第四章

勞動市場
LABOR MARKET

第五章

財富不平等
WEALTH & INEQUALITY

CH.6

第六章
金融投資入門課
FINANCE

第一章
經濟成長
ECONOMIC GROWTH

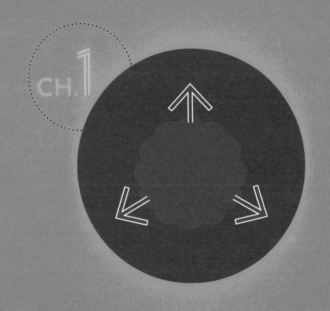

CH.1

ECONOMIC GROWTH

經濟體系裡有哪些「玩家」？

經濟體系是由幾種重要經濟行為參與者（economic actor）所支撐起來的，包括家戶（household）、企業、貨幣及金融機構、政府（含中央政府、地方政府、社會保險單位等），而這些經濟行為參與者會相互影響。由於經濟與金融的全球化，這些參與者不只會和其他國內參與者往來，也會透過出口或進口商品、服務甚至資本，而與國外的經濟行為參與者產生關聯。

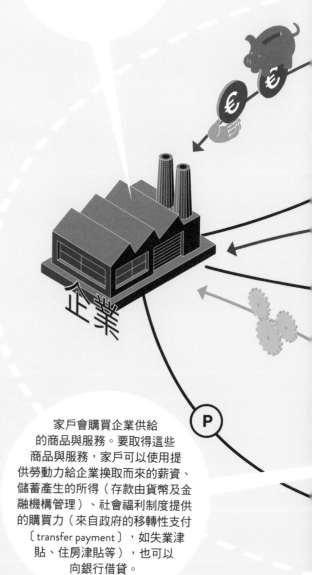

為了供給商品與服務，企業必須先進行投資，投入自身的存款，或者向銀行借貸。

企業

家戶會購買企業供給的商品與服務。要取得這些商品與服務，家戶可以使用提供勞動力給企業換取而來的薪資、儲蓄產生的所得（存款由貨幣及金融機構管理）、社會福利制度提供的購買力（來自政府的移轉性支付〔transfer payment〕，如失業津貼、住房津貼等），也可以向銀行借貸。

勞動

薪資

強制稅

社會給付（social benefit）政府補助（subsidy）、非市場性服務（non-market service）

放款

還款

投資、存款

利息

生產商品與服務

購買商品與服務

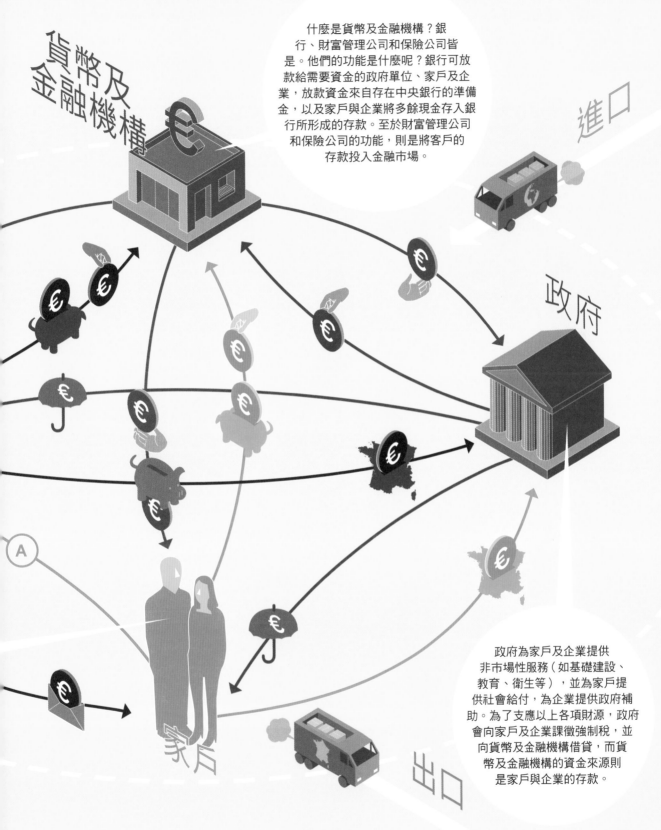

貨幣及
金融機構

什麼是貨幣及金融機構？銀行、財富管理公司和保險公司皆是。他們的功能是什麼呢？銀行可放款給需要資金的政府單位、家戶及企業，放款資金來自存在中央銀行的準備金，以及家戶與企業將多餘現金存入銀行所形成的存款。至於財富管理公司和保險公司的功能，則是將客戶的存款投入金融市場。

進口

政府

A

家戶

出口

政府為家戶及企業提供非市場性服務（如基礎建設、教育、衛生等），並為家戶提供社會給付，為企業提供政府補助。為了支應以上各項財源，政府會向家戶及企業課徵強制稅，並向貨幣及金融機構借貸，而貨幣及金融機構的資金來源則是家戶與企業的存款。

ECONOMIC GROWTH

GDP：經濟成長的關鍵字

#Gross Domestic Product
#Gross National Product
#實質GDP　#名目GDP　#物價效應　#經濟緊縮

傳統上，要評估一個國家或地區的經濟成長狀況，是看國內或地區生產毛額（GDP）每年或每季的變化。GDP 代表一個區域內經濟活動的增值總額，也就是所生產財富之總額。GDP 是極具代表性的經濟指標：追蹤 GDP 的變化，可以確認經濟體的體質是否良好、評估經濟成長狀況，或用以判讀景氣衰退的徵兆。因此，大多數經濟措施在規劃時都是以 GDP 為基礎。

法國的國內生產毛額組成 （2016年）

（資料來源：法國國家統計與經濟研究所〔INSEE〕）

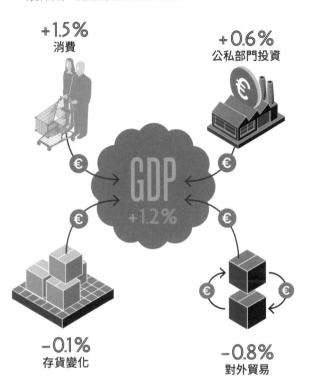

+1.5%
消費

+0.6%
公私部門投資

GDP
+1.2%

−0.1%
存貨變化

−0.8%
對外貿易

GDP 由哪些項目組成？

經濟成長的來源有 4 大類：

1. 消費：包括私部門和公部門的消費，也就是家戶、為家戶提供服務的非營利機構或政府單位所做的消費。消費內容可以是買車、買食品、消費金融服務……等等。

2. 投資：私部門和公部門的投資，包括企業（投資工具機、廠房等）、政府單位（投資道路、橋梁等）以及家戶（如蓋新房子）。

▶

什麼是「附加價值」（VALUE ADDED）？

原料　90 歐元

60 歐元

成品　150 歐元

附加價值
（也稱「增值」）

指企業從事生產活動，在原料、半成品等中間投入上所新增之價值。項目包括薪水、稅金、生產費用、利潤、股利

「國民」生產毛額≠「國內」生產毛額

GDP ≠ GNP

小心不要混淆國內生產毛額（GDP）與國民生產毛額（GNP）。GNP 著重的是企業的國籍而非企業所在地。簡言之，GNP 代表本土企業所產出的財富總額，與公司位在國內或國外無關。也就是說，GNP 不計算國內的外國企業所創造的財富。

以2018年歐元時價計算的法國GDP

（資料來源：INSEE）
（編注：行政院主計處公布2018年台灣名目GDP為18兆8,985億台幣）

2兆3,531億歐元

2018年

GDP 上漲：經濟成長期　　GDP 緊縮：經濟衰退期

哪些消費行為能夠增加GDP？

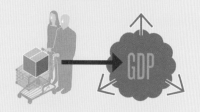

帶動經濟成長的消費三撇步：

1. 比去年消費得更多。

2. 不要購買庫存商品
（否則消費提升為 GDP 帶來的正向效果，會被存貨減少的負向效果抵銷）。

3. 不要購買進口商品。
例如買了一個非本土製的商品，
在計算 GDP 時，雖然在消費額上會記為 +1，在進口額上卻會記為 -1，
一正一負之下，GDP 等於沒有增加，
也就是沒有在境內創造任何價值。

結論：
想要透過提升消費來創造國內財富及就業機會，就必須將消費目標集中在新的國產商品上
（以服務與營造最為常見）。

3. 存貨變化：指企業為了用於後續製程或未來銷售而儲存的財貨。存貨增加對 GDP 的影響是正面的，因為這代表目前的生產成果，也就是創造出來的財富，早晚會以成品的形式進行消費、投資或出口。舉例來說，製作麵包用的麵粉製造出來之後先存放在倉庫（存貨增加，所以 GDP 增加），然後以麵包的形式賣出去（存貨減少，消費額增加）。

存貨變化、消費與投資是經濟體的三種「內部需求要素」（因為需求來自區域內的經濟行為參與者）。在計算 GDP 的時候，還必須同時考量第四點：

4. 與境外經濟行為參與者之間的貿易往來：亦即商品與服務的出口額（由國內產品創造的價值，對 GDP 有正向效果）與進口額（由外國產品創造的價值，對 GDP 有負向效果）之間的差距。進口產品可以滿足國內需求，但有時也可能用來滿足外國需求（例如進口原料製成商品後再出口）。

GDP 有兩種：「實質 GDP」和「名目 GDP」

實質 GDP 即依照物價變動（通貨膨脹）修正過後的 GDP 價值。在談論 GDP 成長時，大多數都是使用這項指標，因為從名目 GDP（以當期價格來計算的 GDP 價值）無法得知數值的變化是因為生產量確實有所增加，或者只是受物價上漲的影響，更難以得知數量和價格的變動比例各是多少。

名目 GDP（當期價格 GDP）和實質 GDP

實質GDP的年成長率
（以2010年固定價格計算）

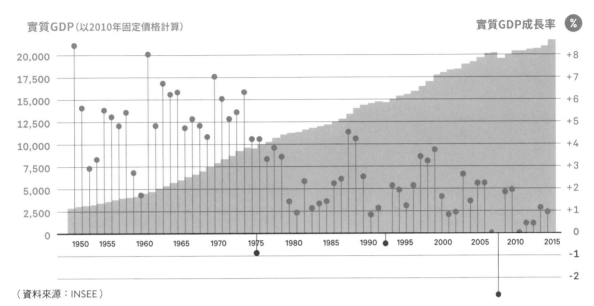

實質GDP（以2010年固定價格計算）　　　　　　　　　　　　　實質GDP成長率 %

（資料來源：INSEE）

1959 ～ 1960 年間，
法國 GDP 迅速成長。依固定價格計算，
從 4,180 億歐元成長到 4,520 億歐元，
漲幅達 8.1%。經濟成長率上升。

2008 ～ 2009 年間，
法國 GDP 緊縮，
從 20,190 億歐元減為 19,600 億歐元。
經濟成長率下降。

（固定價格 GDP）有可能會同時提升。舉例來說，法國 2016 年的名目 GDP 較 2015 年上升了 1.6%，意思是，假設 2015 年生產了 100 歐元，2016 年的產值就相當於 101.6 歐元。而另一方面，實質 GDP 的漲幅則是 1.2%。也就是說，物價效應（price effect）帶來 0.4% 的正向影響。如果物價沒有上漲，經濟成長就會是從 100 歐元成長到 101.2 歐元，原因單純來自產量增加。●

經濟成長的盲點：房屋買賣

只有建造新的房屋才能創造財富並計入 GDP，
買下一棟舊房子只是讓財富從
一個家庭轉移到另一個家庭而已。

第一章 經濟成長

ECONOMIC GROWTH

全球經濟實力排行榜

觀察全球生產毛額（GWP）分布有助於了解世界各國的經濟實力，但是比較各國的GDP並非易事，因為每個國家的貨幣皆不同（法國用歐元、英國用英鎊……），要比較不同國家的產值，必須先以同一套貨幣單位換算各國的GDP。

加拿大
16,190億$

57,638$
第13名

美國
186,240億$
第2名

墨西哥
22,030億$

歐盟
202,500億$

巴西
31,400億$

27,650億$ 第10名
41,343$ 第27名

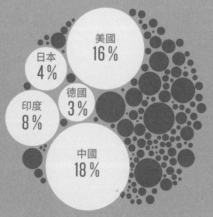

美國 16％

日本 4％

德國 3％

印度 8％

中國 18％

以購買力平價（PPP）計算，以下五國GDP即占了將近50％的全球生產毛額：中國、美國、印度、日本和德國。

（資料來源：世界銀行．2016年）

以購買力平價計算的人均GDP

	超過75,000美元
	50,000～75,000美元
	35,000～50,000美元
	25,000～35,000美元
	15,000～25,000美元
	5,000～15,000美元
	1,000～5,000美元
	低於1,000美元

以購買力平價計算的各國GDP（單位：1億美元）

① 以購買力平價計算的各國GDP排名

10000$ 以購買力平價計算的各國人均GDP

① 以購買力平價計算的各國人均GDP排名

每人國內生產毛額（人均GDP）

GDP ／ = 人均 GDP

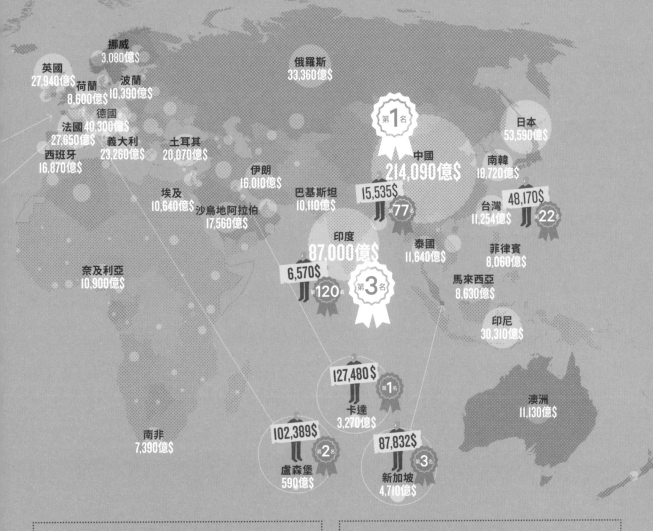

美中大戰！
誰是全球最大經濟體？

比較各國經濟產值有兩種方法：

1. 依照該國貨幣和美元之間的市場匯率，將數值轉換為美元。
2. 依照以購買力平價計算的匯率，將數值轉換為美元。

然而兩種方法得出的結果可能有極大差距，例如以第一種方法計算的結果，美國會是全球最大經濟體，但是使用第二種方法的結果卻是中國。

不過 GDP 比較高，並不代表該國國民就比較富有。人口可能會對於一國的 GDP 數值造成很大的影響。以中國為例，依照不同的計算方法，中國 GDP 雖然能登上全球第一或第二大經濟體之位，但是中國的人均 GDP 卻排在第 77 位，比賽普勒斯（Cyprus）、黎巴嫩甚至波札那（Botswana）等小經濟體排名還要後面。

全球通用的匯率：購買力平價（PPP）

$$2\,歐元 \equiv \quad \equiv 66\,台幣$$

購買力平價清楚呈現相同的商品或服務在兩個不同國家中的價格差異。假設有一籃商品，裡面包含一顆蘋果、一枝原子筆和一瓶水。要買到這籃商品，在法國需要 2 歐元，在台灣則需要大約台幣 66 元。那麼以購買力平價計算的匯率就是：1 歐元約等於台幣 66 元。

簡言之，使用以購買力平價計算的匯率，可以在不同國家間換算出購買力相同的數額。如果要比較數個國家的財富高低，使用以購買力平價計算的匯率比市場匯率更理想。為什麼？其一，即使大環境沒有改變，市場匯率也會受到市場瞬息萬變且不可預期的波動影響。其二，有些國家的匯率是由政府控制的。

ECONOMIC GROWTH

用GDP衡量經濟活動，有哪些重大缺陷？

#替代指標
#Human Development Index
#Better Life Index
#Gross National Happiness

BLI
美好生活指數

HDI　人類發展指數

GDP
國內生產毛額

GNH
國民幸福指數

多年來，GDP 的概念飽受批評，大多數專家學者也都十分了解其局限。指標本身的問題不大，人們對 GDP 的過度關注，以及將 GDP 的成長當作左右經濟政策的關鍵指標，才是問題所在。事實上，這種只從生產的角度理解國家財富及其成長的方法，有時會產生一些無稽的結論，導致無法正確理解個人或集體生活品質的變化。

GDP 無法衡量生活品質

　　雖然在判斷一國生產的成長幅度時，GDP 是相當合適的經濟指標，但 GDP 並無法衡量生產的所有面向。更大的問題是，GDP 有許多內在的限制，因而不適合用來衡量生活品質或社會發展的程度。

GDP 無法涵蓋所有經濟活動

　　雖然 GDP 可以涵蓋一個國家每年大部分的經濟活動，但仍有一部分是無法納入的，尤其是：

- **無報酬勞動**（如志工服務、自產自用等）。
- **未申報的交易**（如現金交易等）。
- **地下經濟**（如毒品走私）。

GDP 無法衡量經濟活動造成的損失

　　GDP 指標的設計原本就無法用來衡量經濟活動對環境的破壞、對自然資源的傷害以及耗損的程度，或者自然災害、戰爭帶來的長期影響。例如發生環境汙染時，造成汙染的生產活動和為了清除汙染所創造的產值都會導致正向的 GDP 成長，但是對環境造成的潛在且不可回復的傷害卻不會計入。從這個角度來看，GDP 不會帶動減少汙染的行動。

人類發展指數由聯合國開發計畫署（UNDP）負責計算，目的是為了深入了解一個國家的社會幸福感。評估標準有三項：教育水準、健康水準與所得水準。

GDP 無法分辨經濟活動的好壞

　　GDP 不考量生活品質、休閒、安全、教育程度、自由的價值，且對有益於社會（如製藥）和有害於社會（如高汙染工業）的經濟活動一視同仁。

GDP 無法反映社會財富分配狀況

　　GDP 成長與經濟成長是否平均分配無關，與所得重分配制度也無關。因此，如果國家缺乏重分配機制，財富增加集中在極少數人手上的情形可能會掩蓋財富中位數下降的事實（編注：中位數是在中間位置〔50%人口〕的數值〔所得〕，比「平均所得」更為準確）。　▶

經濟發展與社會幸福感之間的鴻溝

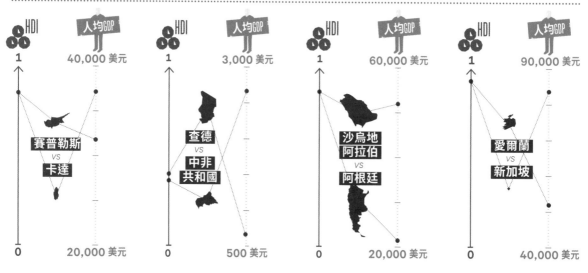

HDI 1 　人均GDP 40,000 美元

賽普勒斯 vs 卡達

20,000 美元　0

HDI 1 　人均GDP 3,000 美元

查德 vs 中非共和國

500 美元　0

HDI 1 　人均GDP 60,000 美元

沙烏地阿拉伯 vs 阿根廷

20,000 美元　0

HDI 1 　人均GDP 90,000 美元

愛爾蘭 vs 新加坡

40,000 美元　0

（資料來源：UNDP及IMF）

比起 GDP，人類發展指數更重要

為了解決 GDP 的某些缺點，尤其是與質性要素有關的問題，陸續有人開發出新的指標，其中最有名的就是「人類發展指數」（Human Development Index, HDI）。印度經濟學家沈恩（Amartya Sen，於 1998 年獲得諾貝爾獎）和巴基斯坦經濟學家哈克（Mahbub ul Haq）在 1990 年提出這項指數，由聯合國開發計畫署（UNDP）負責計算，目的是希望藉由評估一個國家人類發展的水準，進一步了解社會幸福感（social well-being）的高低。依據此一宗旨，人類發展指數有三項主要標準：

1. 知識與教育水準（依兒童預期在校年數與超過 25 歲成人實際在校年數計算）：這項標準有助於衡量國民在社會上以及（或）在工作場合中參與決策的能力。

2. 健康與長壽（依零歲平均餘命計算）：

這項標準有助於間接評估衛生條件、醫療普及度、基本食物供給、乾淨飲用水普及度等。

3. 生活水準（依人均所得計算）：設定這項標準是為了納入前兩項未能評估到的生活水準指標（如移動能力、文化活動普及度等）。

依照人類發展指數做出的國家排名，有

法國的「人均GDP、HDI、BLI」排名

2016年

第21名　HDI　人均GDP　第27名

BLI　第18名

編注：台灣的人均GDP排名第22，HDI第16名，BLI第16名。

國民幸福指數（GNH）、美好生活指數（BLI）的評估項目有哪些？

1972 年由不丹國王吉格梅・辛格・旺楚克（Jigme Singye Wangchuck）提出，意在建立一個以佛教靈性價值為依歸的經濟體系。現在國民幸福指數依然是不丹政府決定經濟計畫及國家發展方向的指標之一。

美好生活指數是經濟合作發展組織（OECD）於 2011 年建立的。這項指標包含 11 個構成良善生活品質的重要項目，可用來比較不同國家之間的國情特色。

時會和人均 GDP 的排名相差甚巨。儘管如此，人類發展指數和 GDP 一樣，並非毫無缺點，其中一項引發許多爭議的問題，就是人類發展指數並未將公民自由納入指標。

史迪格里茲委員會：尋求更理想的經濟表現指標

2008 年，在法國政府的倡議之下，一個由大學與政府機關推派知名專家學者組成的委員會成立了，目的是為了檢討各項評估經濟表現與社會發展的標準；更精確地說，目標是重新思考「如何避免過度偏重量化資料及過度重視集體表現的衡量方式。」委員會的主席是美國經濟學家史迪格里茲（Joseph Stiglitz，2001 年諾貝爾獎得主），印度經濟學家沈恩與法國經濟學家費圖西（Jean-Paul

Fitoussi）則是他的左右手。史迪格里茲委員會提出的方案圍繞著三項軸心：

1. 經濟： 目標為改善 GDP 計算方式。

2. 生活品質： 致力建立一套既可從主觀層面（個人觀點），也可從客觀層面評估消費、所得分布、資產分布等現象的指標。

3. 永續發展： 重點在於將道瓊永續指數貨幣化，同時建立一組反映環境狀況的具體指數。

在接下來的幾年間，法國國家統計與經濟研究所（INSEE）與經濟合作發展組織（OECD）依循史迪格里茲委員會所建議的方向，執行了大量的工作。然而，在政治決策者心中，這項立意良善的計畫和人類發展指數一樣，還沒有達到預期的效果，因此目前 GDP 在判斷經濟（與社會）表現上依舊是最重要的指標。●

ECONOMIC GROWTH

為什麼經濟很難長期、穩定的成長？

#金融衝擊 #需求衝擊 #供給衝擊
#實質經濟成長率
#潛在經濟成長率
#景氣循環圖

要預測一個經濟體的週期性趨勢，要先分析其經濟成長水準、變化與各項組成要素。然而，只看經濟成長的數值而不參考其他數據，並不足以確定這樣的成長是否能夠持久，也無法推論採取何種經濟政策才適當。

實質經濟成長率 VS 潛在經濟成長率

單位：1億美元(固定價格)

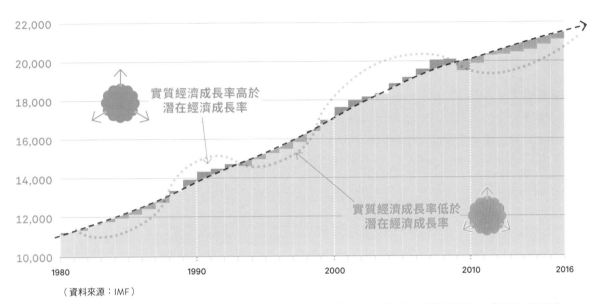

（資料來源：IMF）

發生需求衝擊、供給衝擊或金融事件衝擊時，實質經濟成長率和「潛在」或「結構性」、「長期」經濟成長率會產生落差。若實質經濟成長率高於潛在經濟成長率，該經濟體即處於「過熱」狀態。若實質經濟成長率低於潛在經濟成長率，該經濟體即處於「轉速不足」的狀態。

事實上，不論哪一個經濟體，假設從同一個基準點出發，經濟成長加速都可能是有益且持久的，最終消弭經濟不均的現象。但是，經濟泡沫化和通貨膨脹也可能會威脅經濟成長及未來的就業市場，使財富處於不穩定的環境。要找到經濟政策的方向，我們必須先正確判斷國家目前處在景氣循環的哪個位置。那麼，什麼是「景氣循環」或「經濟週期」呢？

經濟的潛在成長率

「潛在經濟成長率」又稱「結構性經濟成長率」或「長期經濟成長率」。與實質經濟成長率不同，潛在經濟成長率不會以精確的貨幣數字呈現，因為潛在經濟成長率只是預測的結果。每個經濟體皆有自己的長期穩定成長路徑。而且「潛在經濟成長率」隨著不同經濟體會有很大的差異，例如德國因為人口比較少，所以會比法國低（德國接近1%，法國在 1.5% 上下）。

▶

而會影響潛在經濟成長率的生產要素有三項：

1. 可用勞動力：如果人口充足（可能必須依靠移民）、人民就業率高、教育訓練方向符合企業需求，可用勞動力便會提高。

2. 資本存量：如果過去針對生產條件（如工具機）或基礎建設條件（如廠房、交通、能源、高速網路等）投資充足，資本存量便會提高。

3. 生產力提升：提升生產力有助於創造更多勞動力及不變資本存量。改善生產過程的能力主要受過去在研究發展上的投資、學校教育及職業訓練、創新能力等因素的影響。

所謂「供給政策」的目的，就是提高潛在經濟成長率，並針對上述因素採取相應措施。

經濟成長的兩大衝擊

經濟體很少能穩定成長，總會受到不同性質的衝擊，例如：

• **金融衝擊：**21 世紀的頭十年，信貸熱潮曾創造大幅經濟成長，相對地，2007 年的次貸風暴則重挫經濟活力。

• **需求衝擊：**以歐元區來說，1980 年代之後的擴張性預算政策到了 2010 年代初期大為改變，轉為嚴格緊縮，對經濟需求造成負面衝擊。

在景氣循環上，這些衝擊都會導致實質經濟成長率比潛在經濟成長率來得高或低。

> 經濟政策的目的並非達到短期的巨幅經濟成長，而是保護經濟成長不受破壞穩定的突發事件所影響，從而促成長期的經濟成長。

經濟成長愈快，崩盤也愈快？

若實質經濟成長率高於潛在經濟成長率，該經濟體即處於「過熱」狀態。舉例來說，造成「超速運轉」的原因可能是家庭的消費大大超出增加的所得（借貸或動用存款）。面對這種狀況，企業會努力回應需求的增加，因此就業市場壓力提高、投資增加、通膨壓力也因成本提高而大增。這種經濟成長很明顯，但是無法持久。

此時，國家在經濟政策上就必須踩煞車，因為經濟政策的目的並非達到短期的巨幅經濟成長，而是保護經濟成長不受破壞穩定的突發事件所影響，從而促成長期的經濟成長。所以貨幣政策應選擇緊縮路線，提高存款利率以減少消費及投資的誘因。國家也必須採取保守的預算政策（增加稅收、減少支出），嘗試讓預算產生盈餘，等到進入實質經濟成長率低於潛在經濟成長率的時期，即可用來維持經濟活動。

若實質經濟成長率低於潛在經濟成長率，該經濟體即處於「轉速不足」的狀態。就如 2010 年代的經濟行為參與者必須彌補 2000 年代的透支（巨額貸款、不動產部門與工業部門的過度投資），雖然他們獲得債務減免，但代價是消費與投資的能力降低，市

2016年全球景氣循環

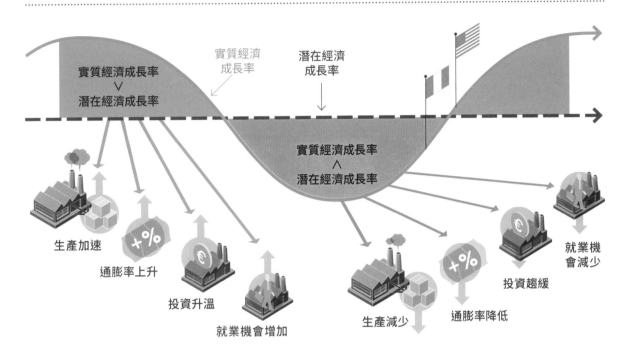

實質經濟成長率
∨
潛在經濟成長率

實質經濟成長率

潛在經濟成長率

實質經濟成長率
∧
潛在經濟成長率

生產加速

通膨率上升

投資升溫

就業機會增加

生產減少

通膨率降低

投資趨緩

就業機會減少

市場需求成長的速度和生產能力成長的速度不相符，會嚴重影響投資和勞動市場的動能。

場對商品及服務的需求便減少了。在這種環境下，生產的供給超出需求，亦即企業的生產能力並未得到充分發揮，所以企業不會認為有投資效益，而勞動市場也無法消化增加的勞動力，導致失業率提高，通貨膨脹率則會降到低點（參見第二章 p.57）。

面對上述這種狀況，政府需要採取寬鬆的經濟措施（中央銀行調降利率、中央政府擴大預算），才能維持一定的需求，使經濟成長趨近正常轉速。●

若實質經濟成長率低於潛在經濟成長率，該經濟體即處於「轉速不足」的狀態。

ECONOMIC GROWTH

儲蓄愈多，
愈不利經濟成長？

#儲蓄的功能
#未來投資的資本
#購買債券
#購買股票
#為公益計畫提供貸款

儲蓄代表放棄消費或投資，因此人民選擇儲蓄等於減少對商品及服務的需求，將使生產減少，最終會減緩經濟成長。從會計的角度來看，以上敘述是事實，但我們可以從另一個角度來看。

法定儲蓄帳戶*的存款被用到哪裡去了？

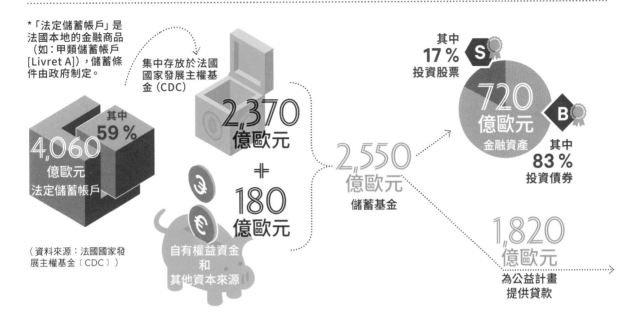

* 「法定儲蓄帳戶」是法國本地的金融商品（如：甲類儲蓄帳戶[Livret A]），儲蓄條件由政府制定。

集中存放於法國國家發展主權基金（CDC）

2,370 億歐元

＋

180 億歐元

自有權益資金和其他資本來源

4,060 億歐元
法定儲蓄帳戶

其中 **59%**

（資料來源：法國國家發展主權基金〔CDC〕）

2,550 億歐元
儲蓄基金

其中 **17%** 投資股票 **S**

720 億歐元
金融資產

B 其中 **83%** 投資債券

1,820 億歐元
為公益計畫提供貸款

首先，大部分的存款不過是尚未進行的消費，也就是延後發生的經濟成長。其次，經濟活動需要資金，除非資金是由國外投資人提供，或來自新發行的貨幣，否則投資一定會用到本國的儲蓄。人民一有閒錢就存款，其實是經濟成長的重要支柱。

企業儲蓄是未來經濟成長的資本

企業投資可動用自有財產，也可依靠外部資源。

在企業內部，除了股東提供的設立資本，公司本身也有可自由處分的儲蓄。這是多年來未分配給員工和股東、也未用於投資生產環境或研發部門的盈餘累積而成的。這些儲蓄存在公司的金庫裡，是公司自有資本的一部分。

至於外部資源則來自銀行融資（透過信用貸款）、金融市場融資（透過債券）或增加公司資本（透過股票）。

如果企業願意將現存所有資金投入事業發展，並且展現出對企業體質的信心，銀行和投資人等金主會更願意提供資源。過去累積的儲蓄可使企業有餘裕進行財務規劃並獲得良好名聲；除了獲利率以外，企業為了吸引更多資本，也必須展現良好的資金流動性（庫存現金）與可靠的資產（雄厚的企業資本、可承受的負債額度）。

換句話說，企業選擇儲蓄等於放棄將獲利分配給股東（發放股利）以及員工（發放薪資、員額等），也放棄將這些錢立刻挹注投資；也就是說，對目前的經濟成長沒有幫助，而是創造未來會帶來成長的必要條件，只要別太晚投資，晚到影響企業的競爭力和存續就好！

▶

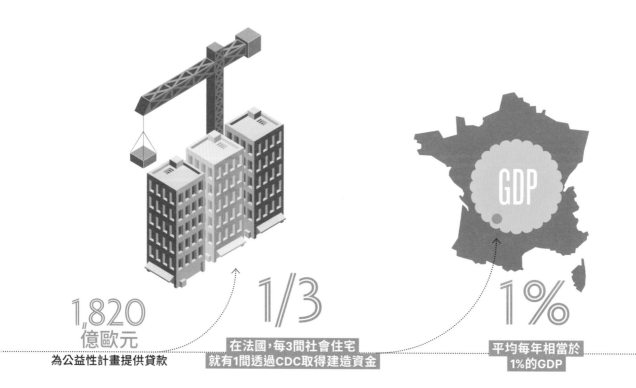

1,820
億歐元
為公益性計畫提供貸款

1/3
在法國,每3間社會住宅
就有1間透過CDC取得建造資金

1%
平均每年相當於
1%的GDP

家庭儲蓄用於投資國內企業股票,才有助經濟成長

　　家庭經濟除了存錢還是存錢。假設一個家戶單位不消費、不投資,而是不斷累積流通帳戶(即無息活期儲蓄帳戶)的存款,或是投資海外金融資產,那麼短期內家庭儲蓄是「不會生錢的」,也就是說對經濟成長沒有助益,因為家庭儲蓄沒有回應國內經濟的融資需求。相反地,如果家庭決定購買一些有國內業務的公司股票,就能讓這類公司的資本增加,從而提高公司雇傭及投資的能力,國內經濟也將獲得助益。如果家庭以購買公司債券或公債的方式儲蓄,效果也是相同的。

你的錢在銀行裡睡著了嗎?

　　在法國,將錢存進甲類儲蓄帳戶(Livret A)、團結永續發展帳戶(LDDS)和大眾儲蓄帳戶(LEP)……等法國本地的金融商品,是為經濟成長添加柴火,還是任由錢在銀行裡沉睡?讓我們以具體數字來說明。2016 年,這類集中存放於法國國家發展主權基金(CDC)的存款金額共計 2,370 億歐元。

　　•截至 2017 年已有 1,820 億歐元用於放款,也就是用來挹注負責興建和更新低租金住宅(HLM)的社會住宅機構,或是提供資源給弱勢族群(如身障者、老年人……),或是提供地方自治團體資金,以這些形式推動經濟。將這些存款分配使用之後,可以創

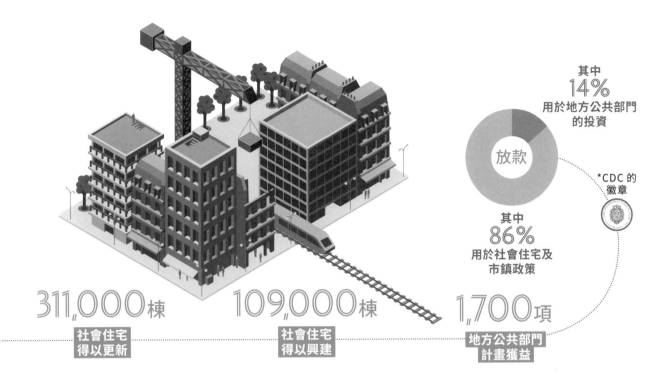

311,000棟
社會住宅
得以更新

109,000棟
社會住宅
得以興建

1,700項
地方公共部門
計畫獲益

其中
14%
用於地方公共部門
的投資

放款

其中
86%
用於社會住宅及
市鎮政策

*CDC 的
徽章

造支出，有利於地方經濟（如創造無法移地工作的就業機會、在地消費），並帶來正面的社會利益。舉例來說，由銀行提供低利的長期無擔保放款（30 年或 50 年），可以減少社會住宅的財務成本，而房租會隨著成本減少而降低，因此有助改善社會不平等的現象。同理，貸款給房屋隔熱改善計畫也為綠色成長（green growth）助了一臂之力。

• 另外還有 720 億歐元尚未借出，這筆錢是留作將來需要放款時運用，同時也具有現金準備金的功能，以應付存戶提領之需。但這筆錢沒有睡著，依然具有挹注經濟的功能，可以用來投資債券或股票，讓國家、企業或銀行充分利用這些錢。這筆錢在質與量上都對經濟成長有所助益，因為金融機構在篩選申請貸款的企業時須考量環境、社會及

存在儲蓄帳戶的錢沒有一毛錢是沉睡的，這些存款為有品質的經濟成長提供金援。

公司治理原則（ESG 原則）（編注：E 是環境〔Environment〕、S 是社會〔Social〕、G 是公司治理〔Governance〕，一種注重商業利益與社會、環境關懷三方平衡的企業評估指標）。最後，將現金存款轉為低利長期貸款之用，可以讓國家取得資金，持續進行公共投資或消費（或者減少稅賦，也就是讓家戶或企業擁有更多可支配所得）。

整體而言，存在儲蓄帳戶的錢沒有一毛錢是沉睡的，這些存款為有品質的經濟成長提供金援。●

ECONOMIC GROWTH

為什麼全球經濟不再飛快成長？

#人口老化
#教育的邊際效益達到極限
#不平等現象加劇
#能源價格提高
#債務負荷增高

已開發國家這幾年的經濟成長都呈現衰退，受到美國次貸風暴以及歐元區主權債務危機的影響，加上其他潛在因素（人口、生產力）也加劇了經濟衰退，經濟學家對經濟成長率能否恢復過去水準持保留態度。

法國近20年的經濟成長不斷下修

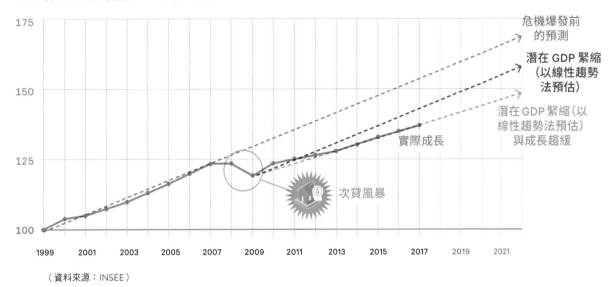

GDP（以1999年為基數100，單位：歐元）

危機爆發前的預測

潛在 GDP 緊縮（以線性趨勢法預估）

潛在 GDP 緊縮（以線性趨勢法預估）與成長趨緩

實際成長

次貸風暴

（資料來源：INSEE）

為何經濟成長速度會減緩？

　　第一種解釋與過去幾次經濟危機的特點有關，也就是週期性效應可能造成結構性的缺陷。例如經濟危機造成長期且劇烈的衝擊，許多企業關門大吉，而有些企業認為在國外重起爐灶會是更好的選擇。如此一來，失業率長期增加的狀況很可能從暫時性（週期性）現象變成常態性（結構性）現象。整體而言，失業人口的再就業可能性低落，加上投資不足的狀況持續未獲改善，導致生產能力惡化，影響了未來的經濟成長。

　　第二種解釋則著眼於其他時間跨度更長的既有因素，也就是經濟體目前處於人口老化、缺乏重大技術創新的時期。已開發國家的生產力成長好幾十年來持續下降，便反映了缺乏重大技術創新的現象。這代表以相同數量的生產要素創造更多財富的能力正逐年下降，而且沒有回升的跡象。

全球經濟成長已經走到盡頭？

　　經濟學家從上述觀察導出了「長期停滯」（secular stagnation）的論點，認為先進國家似乎無法回復穩定成長的狀態，除非刻意塑造短期經濟泡沫（如不動產泡沫、金融泡沫、信貸泡沫等）。美國經濟學家羅伯特・戈登（Robert Gordon）指出，自 1750年以來的經濟成長速度其實並非常態，反而是一種不正常的現象，因為更早之前（1300 ～ 1700 年間）的人均所得成長率幾 ▶

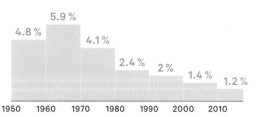

法國經濟成長率：每10年平均值變化圖

4.8 %　5.9 %　4.1 %　2.4 %　2 %　1.4 %　1.2 %

1950　1960　1970　1980　1990　2000　2010
（資料來源：INSEE）

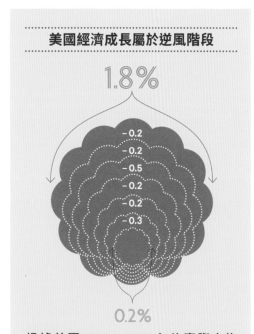

美國經濟成長屬於逆風階段

1.8 %

- 0.2
- 0.2
- 0.5
- 0.2
- 0.2
- 0.3

0.2 %

根據美國 1987 ～ 2007 年的實際人均
GDP 成長率平均值（即 1.8%），經濟學
家羅伯特‧戈登嘗試計算後，認為未來
平均成長率不但不會超過 1.8%，而且還
只有 0.2%，原因為：

‧人口優勢減少（嬰兒潮世代退休）：
　-0.2%
‧教育的邊際效益達到極限：-0.2%
‧不平等現象加劇，所得更集中於前 1%
　人口：-0.5%
‧全球化現象：-0.2%
‧能源價格提高：-0.2%
‧債務負荷（增稅、強制提撥）：-0.3%

（資料來源：Robert Gordon）

近於零（每年 0.2%）。

　　從沒有經濟成長的模型轉變為有經濟成
長的模型，這種轉速的改變與三波技術創新
有關：第一波工業革命（1750 ～ 1830 年）
奠基於蒸汽機與鐵路的發明；第二波工業革
命（1870 ～ 1900 年）是電力與內燃機的發
明；第三波（1966 ～ 1990 年）則是電腦與
網路的發明。不過，最後一波革命的效應似
乎已經到達極限，相對地，前兩波工業革命
對經濟成長的貢獻則維持了很長一段時間。

　　另一位美國經濟學家羅伯特‧索羅
（Robert Solow，1987 年諾貝爾獎得主）則
一針見血地指出：「電腦革命無所不在，只
是在生產力的統計數據裡看不見。」造成此
一情形的原因不僅是技術革新需要一段相當
長的時間才能轉換為具體的生產力成長（涉
及學習曲線、現有生產過程的修正等），缺
乏其他有助提升生產力的動力也是其中之
一。

　　最後，戈登認為經濟成長無法如過去一
般風光，是因為一連串逆風即將襲來。已發
展國家隨著人口老化，加上無法再像以前一
樣靠信貸支持經濟成長，將很難再獲得高經
濟成長率的榮景。

新的工業革命尚未到來？

　　不過，上述論點招來「科技樂觀主義
者」（techno-optimist）的抨擊，他們認為
情況正好相反，科技會加速發展，而且推本
溯源，未來要提升生產力還是要靠技術創
新，因為我們現在可能正處於新一波工業革

2017～2026年全球經濟成長假想情境
（單位：經濟成長百分比%／年分）

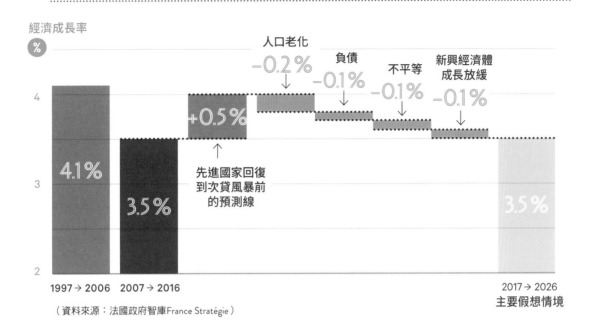

經濟成長率 %

人口老化 −0.2%
負債 −0.1%
不平等 −0.1%
新興經濟體成長放緩 −0.1%

+0.5%

4.1%

3.5%

先進國家回復到次貸風暴前的預測線

3.5%

1997 → 2006　2007 → 2016

2017 → 2026
主要假想情境

（資料來源：法國政府智庫France Stratégie）

命的前夕（機器人取代人力、3D列印、大數據、綠色革命等）。

　　要加速技術轉型，就必須投資數位轉型、綠色經濟並提供企業融資，藉此促成未來的經濟成長，這也是法國政府目前致力推動的方向：支持研發部門、進行投資（例如「法國未來投資計畫」，簡稱PIA）、提供中小企業融資（透過法國公共投資銀行〔Bpifrance〕或Novi基金及Novo基金）、資助能源轉型工作（由法國國家發展主權基金提供貸款，利用甲類儲蓄帳戶的存款資助低租金住宅建造商及地方自治團體，鼓勵加速更新隔熱設施等）。

經濟成長率1%或2%，有差那麼多嗎？

　　雖然關於經濟成長率的辯論還吵得如火如荼，但以2%的成長率，35年過後，全球每年創造的財富將可翻上一倍；如果平均成長率只有1%，就需要70年，也就是兩代人才能翻倍。在1%的情境下，各個層面的社會均衡（如退休、失業、衛生）可能會面臨嚴重衝擊，所以恢復生產力乃是當務之急！ ●

ECONOMIC GROWTH

綠色成長：未來的經濟成長趨勢

現今對於經濟成長，也就是 GDP 上升，經常是從量的觀點來理解，很狹隘地將經濟成長和更美好的生活畫上等號。然而，在各種 GDP 的替代工具中，將攸關經濟成長的環境議題（如氣候、再生能源）納入考量的質性指標，在當前的公共討論中愈來愈重要，政府也愈來愈常將這些指標列為經濟政策的核心目標。

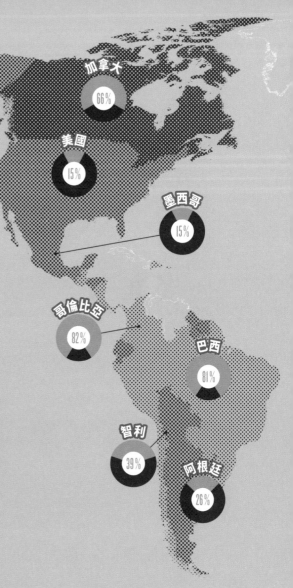

加拿大 66%
美國 15%
墨西哥 15%
哥倫比亞 82%
巴西 81%
智利 39%
阿根廷 26%

將幸福感納入考量，才能創造長遠的財富

「綠色成長」關心的是如何在經濟活動和自然資源與生態系統的保護之間取得平衡。換句話說，綠色成長是從長期、跨世代的觀點思考財富的創造，並且將幸福感（well-being）納入考量。為了達到這個理想，人們必須改變生產和消費的型態。另一方面，「綠色金融」（green finance）也方興未艾，目標包括推動能源轉型與對抗全球暖化。

GDP
CO₂

每單位GDP 的二氧化碳（CO2）排放量

< 0.13 kg
0.13–0.23 kg
0.23–0.33 kg
> 0.33 kg

再生能源占總發電量之比例

% ── 再生能源（水力、風力及太陽能）

其他能源（化石燃料、核能）

挪威 98%
瑞典 57%
德國 30%
土耳其 33%
俄羅斯 17%
日本 17%
法國 18%
伊朗 7%
中國 26%
台灣 5.6%
葡萄牙 55%
西班牙 40%
義大利 37%
沙烏地阿拉伯 0%
阿爾及利亞 0.2%
埃及 10%
印度 15%
奈及利亞 17%
印尼 11%
澳洲 17%
南非 4%
紐西蘭 84%

（資料來源：世界銀行[World Bank]及國際能源總署[IEA]）

+1.5°C

從現在到2100年，溫度預計會上升多少？

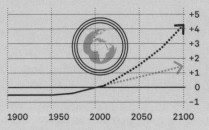

| 1900 | 1950 | 2000 | 2050 | 2100 |

+5
+4
+3
+2
+1
0
-1

自 1995 年以來，《聯合國氣候變遷綱要公約》（UNFCCC）締約國每年都會舉行會議。2015 年，第二十一屆締約國大會（COP21）於巴黎舉行，會後簽訂了一份協議，決定在 2100 年之前將全球暖化程度控制在 1.5℃ 以內。

促進綠色成長，從能源轉型做起

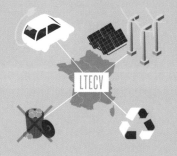

LTECV

2015 年法國公布了《促進綠色成長之能源轉型法》（LTECV），規範內容主要有以下幾項重點：

· 翻轉能源組合，減少核能及化石燃料（石油、煤、天然氣）占比，提高再生能源（風力、太陽能）占比
· 發展電動車
· 改善廢棄物處理及資源回收
· 加強社會「反浪費」的意識

ECONOMIC GROWTH

中美為何
發生貿易戰？
全球貿易
進出口概觀

北美洲

30,400 22,500

51%

14.1%

中南美洲

6,200 5,600

3.5% 23%

占全球出口額
百分比

進口／
出口額比較
（單位：1 億美元）

區域內
出口額占比

全球每年的國際商品及服務貿易額為 21 兆美元，意即每年全球創造的財富有 30% 都是向外出口。超過 80% 的貿易額來自三大洲：歐洲、亞洲及北美，這些區域的區內貿易也特別興盛，不過個別的進出口情形卻有很大的差異。

區內貿易熱絡，以歐洲國家居冠
（資料來源：WTO）

全球的區內貿易（也就是地區性貿易）往來十分熱絡；各區域的出口結構顯示，歐洲國家主要是和其他歐洲國家進行貿易（近 70% 的出口對象都是歐洲國家），亞洲國家也是（接近 50%），北美洲國家亦同（也是接近 50%）。

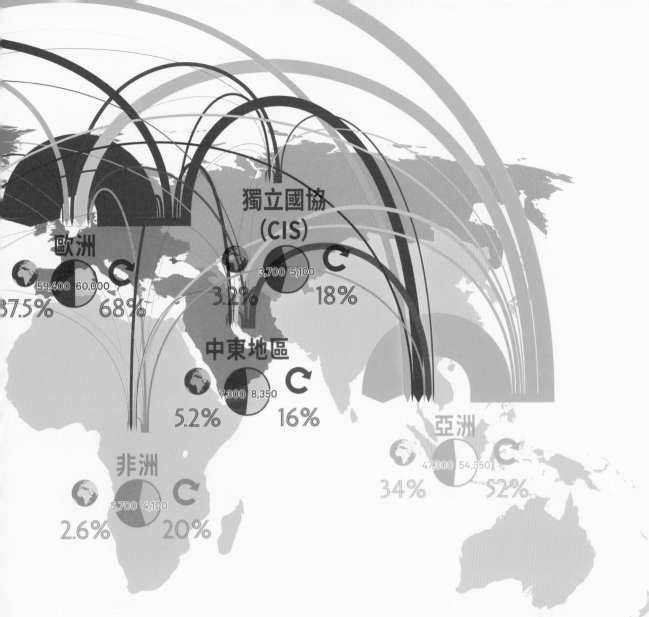

獨立國協
(CIS)

3,700 5,100

3.2%   18%

歐洲

59,400 60,000

37.5%   68%

中東地區

7,300 8,350

5.2%   16%

非洲

5,700 4,100

2.6%   20%

亞洲

47,300 54,350

34%   52%

	北美洲	亞洲	歐洲	中南美洲	中東地區	非洲	獨立國協	貿易總額
北美洲	•	-6,300	-1,900	330	70	20	-120	-7,900
亞洲	6,300	•	1,570	220	-1,760	870	-150	7,050
歐洲	1,900	-1,570	•	170	750	350	-1,000	600
中南美洲	-330	-220	-170	•	70	30	20	-600
中東地區	-70	1,760	-750	-70	•	230	-50	1,050
非洲	-20	-870	-350	-30	-230	•	-100	-1,600
獨立國協	120	150	1,000	-20	50	100	•	1,400

北美的錢都被中國賺走了？

· 歐洲的貿易順差達 600 億美元，約占 0.3% 的
  GDP；其中對北美及中東等地區有貿易順差，
  對亞洲及獨立國協則有貿易逆差。

· 亞洲的整體貿易餘額明顯呈現順差（超過 7,000
  億美元），主要來自對北美的高出口額。

· 相反地，北美地區的貿易總額呈現嚴重逆差，
  將近 8,000 億美元，亦即 4% 的 GDP。

第二章
通貨膨脹
INFLATION

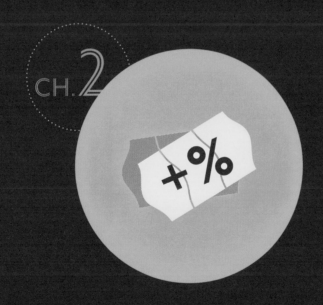

CH.2

INFLATION

2%
通貨膨脹率
如何削弱
購買力？

#通貨膨脹減緩 #Disinflation
#通貨緊縮 #Deflation

通貨膨脹指的是在一段期間內價格持續上漲的現象。通貨膨脹會影響所有經濟行為參與者。如果年通貨膨脹率為 2%，持續 10 年後，原本價值 100 歐元的商品或服務將會漲到 122 歐元左右。換句話說，用 100 歐元只能買到原本商品或服務的 82%。通貨膨脹會導致貨幣對商品的購買力下降，因此衡量通貨膨脹也是經濟分析的工具之一。

100 €

121.90 €

+2 %

認識通貨膨脹的機制

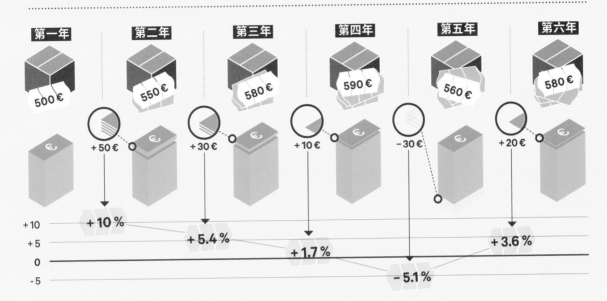

通貨膨脹的幅度有可能減少（稱為「通貨膨脹減緩」[disinflation]），也就是與前一年相比，價格上漲的幅度降低了（如同本圖中第四年以前的情形）。若是價格下降，通貨膨脹率就為負值（如同第四年到第五年間的情形），某些產業經常發生此一情形（例如新業者引發電信資費競爭、今年作物產量超越去年導致食品價格下跌、原油價格下降致使汽油價格下跌等），但是這種情況鮮少同時發生在所有商品上。

通貨膨脹會如何影響人們的投資意願？

家庭

通貨膨脹會侵蝕家庭的購買力。為了因應通貨膨脹的程度，人們會設法調整薪資或收入，以保持相同的購買力，並且把存款拿來投資一些報酬率比通貨膨脹率更高的資產。

企業

通貨膨脹會影響企業成本，進而影響商品或服務的售價。通貨膨脹也會影響企業的競爭力、利潤率，進而影響投資能力及雇傭能力。最後，通貨膨脹會影響利率，進而影響負債成本。

政府

通貨膨脹會波及行政支出以及政府的各項給付（如薪水、依通膨指數調整的社會救助金等）。通貨膨脹會影響政府的收入，稅基會因此自然增加（因為用以課徵所得稅的所得、用以課徵商業增值稅〔VAT〕的消費額皆增加）。此外，在融資方面，通貨膨脹也會讓投資人要求更高的利率，因為如此一來償還的借款才能符合通貨膨脹率。

INFLATION

通貨膨脹了沒？超市走一圈就知道！

怎麼計算年度通膨率？

$$\left(\text{第二年的價格} - \text{第一年的價格}\right) \times 100 \div \text{第一年的價格} = +\%$$

年度通貨膨脹率反映的是作為樣本的商品和服務在兩年之間的價格變動。

每個月，法國國家統計與經濟研究所都會針對居住人口超過 2,000 人以上的 99 個行政區，記錄 3 萬個銷售點提供的超過 1,100 類商品或服務的價格。透過這種方式，他們製作出 20 萬份統計表，蒐集到 19 萬筆價目，以此建立起消費者物價指數（Consumer Price Index，CPI）。經由消費者物價指數，我們便可以了解通貨膨脹的情形。

家具及家電

醫療衛生

交通

住宅及能源

通訊

服飾

休閒與文化

其他

教育

食品

餐飲

從「一籃商品」掌握消費行為

消費者物價指數的計算基礎是商品和服務的市場價格，並考量其在家庭支出中的分量。法國國家統計與經濟研究所每年都會修正這些樣本及權重，以掌握消費行為的變化。這項指數只針對家庭會消費的商品及服務，不反映金融資產（股票、債券等）的價格變化，不動產（房屋、土地等）的價格也不在調查之列。

每個家庭的通膨率都不一樣？

法國國家統計與經濟研究所依據樣本家庭的各項支出權重，來計算消費者物價指數。每個家庭也能根據其消費習慣計算出各家的物價指數。

（資料來源：INSEE）

家庭A

住家地點偏僻，常常需要開車。他們在 2000 年 1 月以 100 歐元購得的一籃商品在 2016 年 12 月價值為 137 歐元。

中間值家庭

他們在 2000 年 1 月以 100 歐元購得的一籃商品，在 2016 年 12 月價值為 127 歐元。

家庭 B

沒有車，搭乘大眾交通工具移動，常上餐廳用餐，擁有各種新科技產品（視聽、攝影及資訊產品等），經常使用電話。他們在 2000 年 1 月以 100 歐元購得的一籃商品在 2016 年 12 月價值為 121 歐元。

人們感受到的通膨與統計上的通膨為何有落差？

常常聽到有人說，實際感覺到的通貨膨脹比「計算出來的更嚴重」。造成這種落差的原因很多，例如：

· 通貨膨脹的計算是根據樣本家庭的日常支出，自然不能涵蓋每一種個別消費型態。

· 每個人的認知方式不同，有些人只注意固定會購買的商品或服務的價格變化，有些人則只有在某些商品漲價時才會有感，降價的時候卻無感。

· 通膨評估的對象是「民生商品」，是以日用性質的商品或服務的價格為基準。事實上，許多產品（如電話、電腦、汽車等）之所以漲價，經常是反映服務水準的提升（功能改善等），而不是單純因為貨幣的購買力下降所致。

INFLATION

預期漲價
的心理，
會導致
通貨膨脹？

通貨膨脹率高可能代表國內的生產能力無法配合經濟成長的速度（成長過快），或是貨幣政策太寬鬆或政府公信力不高（經濟行為參與者不相信政府能控制通貨膨脹），或是單純因為原物料價格上漲。

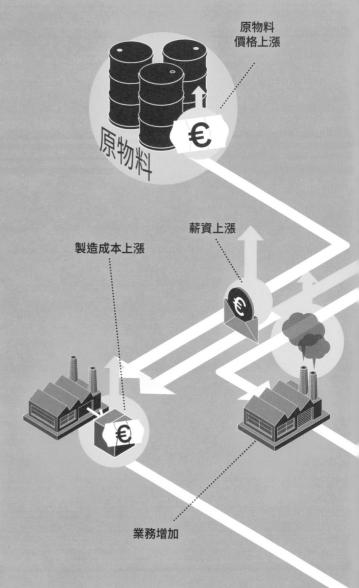

原物料
價格上漲

薪資上漲

製造成本上漲

業務增加

通貨膨脹的4大因素

❶ 原物料價格上漲

雖然能源價格在物價指數中只占一小部分，價格波動卻很大。不論國內的經濟發展是否均衡，全球原油市場的供需失衡都會造成通貨膨脹。

❷ 需求上升

經濟成長率若是低於或高於潛在成長率（參見第 25 ～ 26 頁），通貨膨脹率也會隨之上升或下降。因為商品和服務的需求高於（或低於）供給，生產者便處於優勢（或劣勢），促使他們提高價格（或抑制價格，甚至降價促銷）。

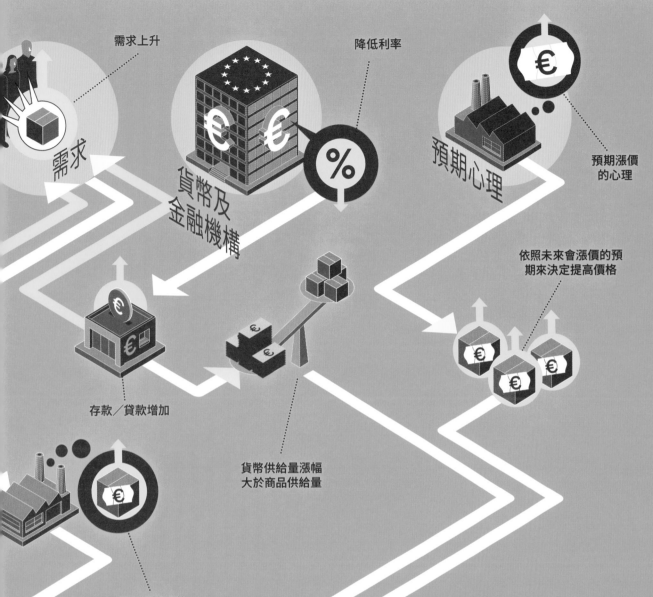

需求上升

降低利率

需求

貨幣及
金融機構

預期心理

預期漲價
的心理

存款／貸款增加

依照未來會漲價的預
期來決定提高價格

貨幣供給量漲幅
大於商品供給量

產生提高價格
之誘因

+%

❸ 貨幣總量增加
如果貨幣量增加的速度高
於商品和服務的存量，貨
幣就可能貶值，代表需要
更多貨幣才能買到同樣商
品。中央銀行調整利率、
創造更多貨幣流入市場
（例如同意貸款），也會
造成通貨膨脹。

❹ 預期漲價心理
如果企業預期製造
成本和價格會上漲，
就會調整產品定價，
價格突然上漲反映
的就是預期心理。

INFLATION

怎麼預測
通貨膨脹率？

#短期預測法
#長期預測法
#2%：中央銀行的通膨目標

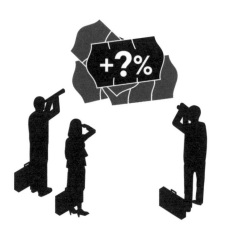

對於所有經濟行為參與者，包括家庭、企業、政府和銀行，通貨膨脹的預測都極為重要。但應該如何預測呢？依據預測期的長短，可分為兩種方法。

2025～2029年法國的預期通膨率
（調查日為2016年1月～2018年）

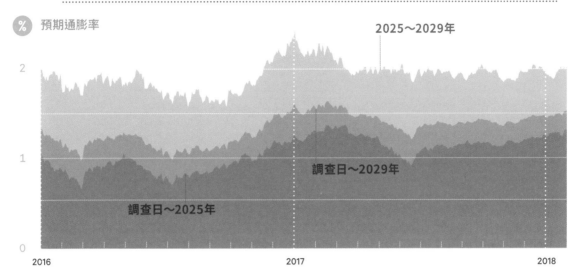

（資料來源：彭博[Bloomberg]和歐洲央行）

我們可以從債券的價格來計算投資人預期的通膨率（參見第138～139頁）。

投資人的預期會隨著影響通膨率的因素而不斷改變（參見第46～47頁）。

2018年初，投資人預期2018～2025年間的通膨率應為1.3%，2018～2029年之間的通膨率為1.5%，2025～2029年間的通膨率則為2%。

為什麼要預測通貨膨脹？

預測通貨膨脹可以讓生產者提前參考未來的成本變化調整售價，以免利潤率受到壓縮。此外，許多契約也必須依通貨膨脹率計算或調整數額（例如最低工資、甲類儲蓄帳戶利率等）。

對政府來說，通貨膨脹是影響收入的重要因素，因為通貨膨脹代表稅基增加（例如計算商業增值稅的未稅售價增加），對政府的支出亦十分重要；價格如果普遍上漲，支出金額「自然」也會增加。

對負責穩定歐元價格的歐洲中央銀行（ECB）來說，預測未來的通貨膨脹是至關重要的工作，因為歐洲央行必須為所有銀行制定利率，以控制放款成本。

投資人對通貨膨脹的預期心理則會直接或間接影響金融資產的報酬率，例如影響法國政府發行的債務憑證（法國政府長期通膨指數債券 [OATi]）。

既然預測通貨膨脹如此重要，那麼該如何預測呢？依據預測期的長短，可分為兩種方法。　▶

短期與中期（最長 2 ～ 3 年）預測法

　　經濟學家會利用以下各項條件發展不同的模型，以預測短、中期的通貨膨脹。而通貨膨脹的預期心理同時受到國際因素與國內因素的影響。

1. 國際因素：
價格被動上升、貨幣貶值

　　通貨膨脹可能是進口商品造成的，因為進口商品的價格是由全球市場決定的，所以進口國只能被動地接受。同樣地，原物料價格也是依照供需法則決定的，經濟成長率愈高，需求就會增加，因為需要填補能源消耗的缺口；在供給方面，以石油為例，石油供給會受石油輸出國組織（OPEC）給產油國的配額決定，或是受到美國頁岩氣（shale gas）的生產能力所影響。如果全球需求量超越全球供給量，價格就會提升。

　　工業產品也是如此，2007 年金融危機爆發後，由於需求緊縮導致產能過剩，使得價格大幅下跌。

　　最後，匯率因素也必須考慮進來，進口商品通常是以美元計價，如果本國貨幣價格下跌（貶值），就需要用更多錢才能買到，這就是一種典型的通貨膨脹。

2. 國內因素：
景氣狀況、生產能力、財政政策

　　國家內部的經濟趨勢同樣會影響通貨膨脹。根據景氣狀況以及生產能力與生產成本

2%：歐洲央行的通膨目標

1999 年以來，參與調查的經濟學家認為，歐元區的平均通膨率最終會比 2% 稍微低一些。也就是說，他們認為歐洲央行可以達成穩定物價的任務。

之間是否均衡，企業調高售價的意願會隨之增減。

　　另一方面，政府也可能想要透過貨幣政策在經濟循環的週期中製造通貨膨脹，例如以極低的放款成本刺激市場對商品的需求（2010 年以來，法國和歐洲皆採取這種政策）。

　　最後，稅制變動（菸價、商業增值稅等）或政策鬆綁（開放市場競爭，例如開放巴士客運民營化）也都是影響商品定價的因素。

長期預測法

　　除了景氣循環，還有一些心理和經濟機

歐洲未來的通貨膨脹率預測

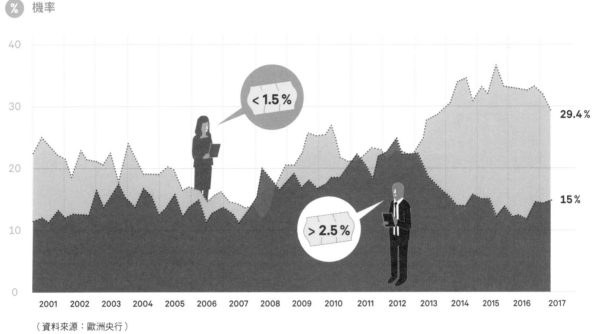

% 機率

（資料來源：歐洲央行）

歐洲央行對經濟學家進行的調查顯示，他們認為未來中期的通膨率非常有可能低於 1.5%，而不會高於 2.5%。

制與通貨膨脹有關。事實上，負責「穩定物價」的中央銀行的公信力會決定經濟行為參與者的預期。也就是說，一切都繫於參與者對貨幣主管機關有多少信心。已開發國家的大型中央銀行都會努力把預期通膨率控制在 2%，這個比率不是公式計算的結果，而是不同貨幣主管機關一致的判斷。中央銀行公信力愈高的國家，通膨率愈接近 2%，因為預期心理具有自我實現的效果，也就是說，如果經濟行為參與者認為中央銀行有能力達到平均通膨率 2% 的目標，就會把利率定下來，並期待通膨率符合設定的數字。這種預期心理在很多地方都已獲得證實。

中央銀行公信力愈高的國家，
通膨率愈接近 2%。

每季一次的預期通膨率大調查

　　歐洲央行每季會調查一次經濟學家對通膨率的預期，並了解根據他們的預期，出現牛市或熊市的可能性有多少。此外，有一些金融資產保障獲利大於通膨（參見第 49 頁），透過這些金融資產的價格也可以了解預期通膨，因為愈多人（或愈少人）需要這種資產，這種資產就會漲得愈高（或下跌）。●

INFLATION

使用歐元後，
歐元區國家的通貨膨脹
變低了？

目前經濟學家使用的評估工具顯示，改用歐元沒有造成通貨膨脹率提高。自從歐元區內不再使用各國貨幣後，法國的通貨膨脹率變得比美國更低。此外，某些民生用品的漲幅自 2001 年以後甚至變得比之前 10 年更小。而且與其他產品的價格相比（尤其是不動產），商品和服務的價格漲幅並未特別提高，還比薪水的漲幅低。

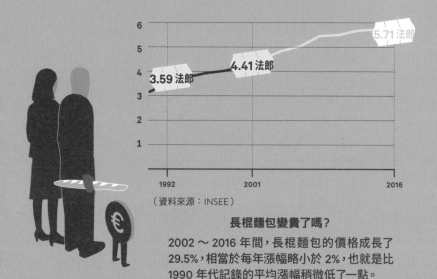

（資料來源：INSEE）

長棍麵包變貴了嗎？

2002 ～ 2016 年間，長棍麵包的價格成長了 29.5%，相當於每年漲幅略小於 2%，也就是比 1990 年代記錄的平均漲幅稍微低了一點。

2002～2016年間的物價波動

+23.3%	+88%	+5.1%	+40.7%	+29.5%
通貨膨脹	不動產	股票價格	平均時薪	長棍麵包

自從歐元流通後，商品與服務的價格上漲（即通貨膨脹）了 23.3%，長棍麵包的漲幅則略高一點（29.5%）。另一方面，平均時薪也增加了 40.7% 之多，這代表人們對商品和服務的購買力提高了。但不動產例外，因為不動產漲幅比薪水更高。

使用歐元之前與之後15年的通貨膨脹率

（資料來源：INSEE、法國勞動部、IMF、OECD及泛歐交易所[Euronext]）

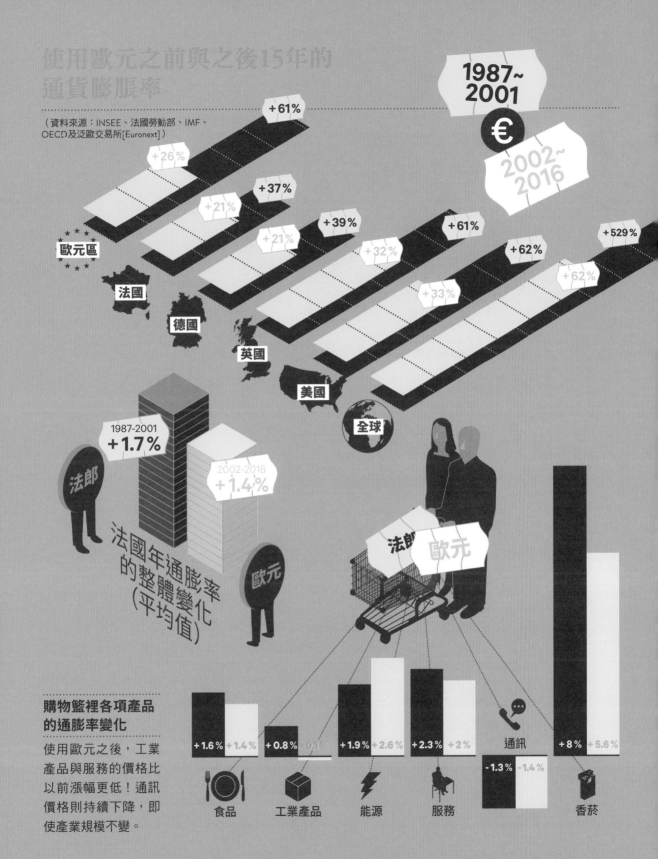

1987~ 2001

€

2002~ 2016

+61%
+26%
+37%
+21%
+39%
+21%
+61%
+32%
+62%
+33%
+62%
+529%

歐元區
法國
德國
英國
美國
全球

法國年通膨率的整體變化（平均值）

1987-2001
+1.7%
法郎

2002-2016
+1.4%
歐元

法郎　歐元

購物籃裡各項產品的通膨率變化

使用歐元之後，工業產品與服務的價格比以前漲幅更低！通訊價格則持續下降，即使產業規模不變。

+1.6% +1.4%　食品
+0.8% -0.1%　工業產品
+1.9% +2.6%　能源
+2.3% +2%　服務
-1.3% -1.4%　通訊
+8% +5.6%　香菸

INFLATION

通貨膨脹
一定不好嗎？

#通貨膨脹對負債者有利？
#債務負擔減輕
#通膨率0%是好事嗎？
#通貨緊縮螺旋 #零通膨的陷阱

如果通貨膨脹太嚴重，收入不能依照通膨指數調整的經濟行為參與者購買力就會下降。通貨膨脹還會損及存款戶的利益，使他們更難做出最理想的消費和投資選擇。也就是說，經濟發展將會蒙受損失。然而，通貨膨脹未必就是不好的，有些債務人可以從中獲得些許好處，而中央銀行也會「操縱」通貨膨脹率到達設定的數值，而不是追求零通膨。

嚴重通貨膨脹的惡性循環圖

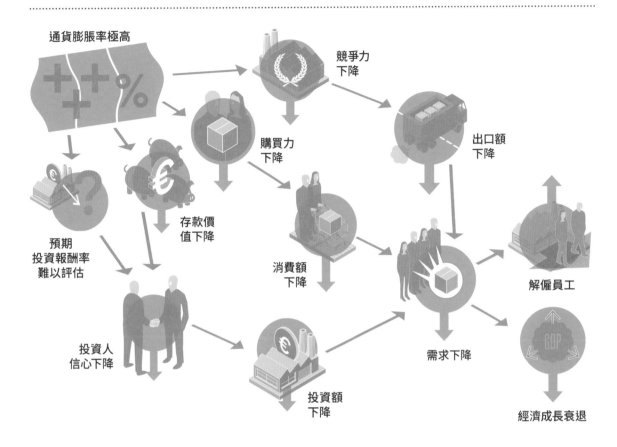

通貨膨脹率極高

競爭力
下降

購買力
下降

出口額
下降

存款價
值下降

預期
投資報酬率
難以評估

消費額
下降

解僱員工

投資人
信心下降

需求下降

投資額
下降

經濟成長衰退

通膨有可能讓存款的實質報酬歸零

　　對於有儲蓄的人來說，通貨膨脹會侵蝕他們從儲蓄報酬中獲得的購買力。如果第一年和第二年的儲蓄報酬率分別是 2% 和 3%，而同一時間，通貨膨脹率分別是 1% 和 3%，則所謂「實質」的報酬率，也就是可反映消費額增加幅度的報酬率，分別只有（2-1=）1% 和（3-3=）0%。

　　唯一的解藥是購買強調報酬率和通貨膨脹連動的金融資產，例如法國政府發行的長期通膨指數債券（OATi）。

**如果通貨膨脹率高且變動劇烈，
投資人會向政府和企業要求
更高的報酬率。**

通膨率高漲會造成哪些惡性循環？

　　如果通貨膨脹率高且變動劇烈，投資人會向政府和企業，也就是他們的債務人或購買股票的對象要求更高的報酬率，以保障他們的購買力。這麼一來，利率就會上升，造成投資額緊縮，最終使得經濟體的生產能力與工作機會更加受限。

▶

物價全面上漲反而導致品質變差

物價全面上漲會導致資訊混亂不清，例如一項商品的價格上漲是因為品質提高（吸引購買），那麼它是漲得比其他商品少（相對價格較低，故需求應會提高）還是多（應該會造成需求減少）？通貨膨脹會導致消費者無法做出最佳選擇，品質不好的產業吸引到更多投資和人力，維持穩定的生產活動，品質高的產業則遭受損失；這會使經濟發展蒙上陰影。

成本增加、品質降低，企業競爭力受損

對經濟行為參與者來說，通膨率高又劇烈變動並不是好事。一方面會造成心理上的不確定，降低投資可預測性，投資額會因此減少，最終也會動搖未來的經濟成長。另一方面，如果價格上漲不是隨著品質提高自然出現的結果，而是基於生產成本增加，那麼競爭力就會受損，進而導致企業的市占率下降，最終危及生產活動與工作機會。

通貨膨脹是減輕債務的良方嗎？

通貨膨脹對負債的經濟行為參與者來說可能是有益的。假設一間公司每年的收入是10萬歐元，而會計帳上的負債存量是10萬歐元，利率是2%（每年2,000歐元）。第一年度，公司的負債相當於收入的100%。

> 對經濟行為參與者來說，通膨率高且劇烈變動不是好事，這會造成心理上的不確定，降低投資可預測性，投資額因此減少，最終也會動搖未來的經濟成長。

如果第二年度的通貨膨脹率增加了3%，而營收狀況不變，則該年度的收入會是103,000歐元，如此一來，10萬歐元的債務不再相當於收入的100%，而是（100/103＝）97%。單單因為通貨膨脹的關係，債務就不知不覺減少了。這間公司多賺了3,000歐元，不需動用存款就足以支付財務費用（2,000歐元）。

不過，這會產生兩個問題：

1. 如果公司每年都借錢購買一些財貨，這些財貨的價格會受到通貨膨脹的影響，使得公司的債務隨之增加（也就是說，負債比有很大機率會維持不變）。

2. 通貨膨脹愈嚴重，利率就愈高，對於以機動利率借貸的舊債務而言，財務費用會增加，對於以較高利率借貸的新債務也是如此。

結論就是，對於不想增加債務所以選擇固定利率的債務人，以及收入會依通膨指數調整的經濟行為參與者來說，通貨膨脹會是好消息。

為何各國中央銀行不以通膨率 0% 為目標？

歐洲央行將目標設定在「接近但低於

通貨緊縮的惡性循環圖

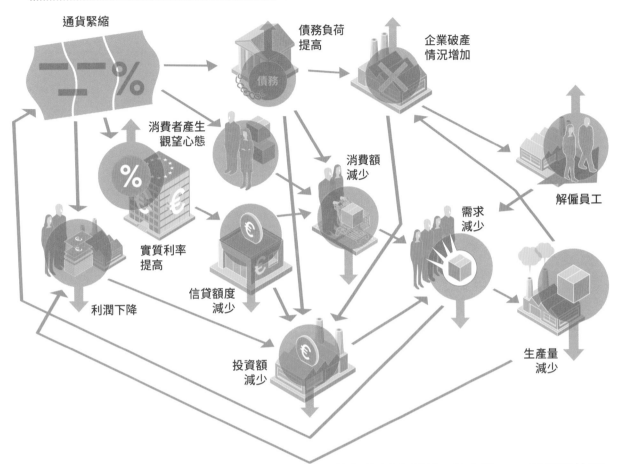

通貨緊縮　　債務負荷提高　　企業破產情況增加

消費者產生觀望心態　　消費額減少　　需求減少　　解僱員工

實質利率提高　　信貸額度減少

利潤下降　　投資額減少　　生產量減少

2%」的通膨率，而不是 0%，是為了避免落入有害財富累積與有害勞動市場的陷阱，包括：

・零成長甚至負成長的陷阱： 景氣低迷時，商品與服務的需求會低於供給；若是價格下跌，經濟行為參與者會傾向延後購買時機，期待未來可以享有更低的價格，而這種行為會讓需求量持續低迷。由於訂單不足，企業不須投入那麼多人力資金，就會解僱員工，導致更大的需求壓力。為了促進商品流通，企業必須降價，於是物價直直落，再度促使經濟行為參與者延後消費，於是通貨緊縮螺旋便出現了。日本從 1990 年代開始即陷入這種景況，而歐元區在 2015 年前後也面臨嚴重的通縮螺旋。

・負債者的陷阱： 當景氣進入谷底，隨著所得下降或停滯，債務和利息支出在所得中的占比便會提高。有些人也許會想，如果利率和通膨率一起降低，就能達到某種平衡，但現實未必如此！金融環境會愈來愈糟，以致需要調節（減少投資、解僱員工），需求壓力因而更重，進一步加深惡性循環。2015 年前後，正是因為落入這種境況，讓幾個歐元區國家預算緊縮的問題日益嚴重。●

第三章

經濟政策
ECONOMIC
POLICIES

CH.3

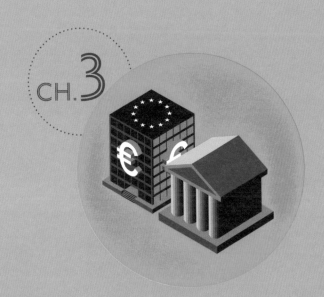

ECONOMIC POLICIES

GDP成長
不是經濟政策的
唯一目標？

#結構性經濟政策
#週期性經濟政策
#擴張性政策
#緊縮性政策

經濟政策可分為結構性與週期性兩種。結構性政策的目標是依據資源條件（原物料、勞力、資本、基礎建設等）建立更理想的財富成長模型，並將創造的財富分配給各經濟行為參與者。週期性政策的目標則是穩定經濟活動，確保重要經濟指標皆能保持均衡。

短期、長期狀況該用哪種經濟政策？

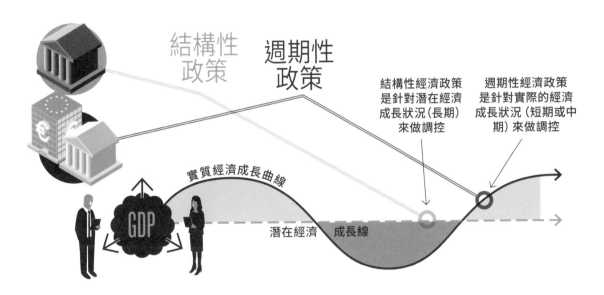

結構性
政策

週期性
政策

結構性經濟政策
是針對潛在經濟
成長狀況（長期）
來做調控

週期性經濟政策
是針對實際的經濟
成長狀況（短期或中
期）來做調控

實質經濟成長曲線

GDP

潛在經濟　成長線

結構性經濟政策（長期）

結構性經濟政策考量的是對整個經濟體系的長期作用，希望能提高經濟體系的運作效能。主要目標之一便是最佳化創造財富的環境，也就是如何利用可取得的資源，讓潛在（或結構性）的經濟成長在量和質上都達到最佳狀態。

依循這個目標做出的決策，通常反映出一個社會期望中的經濟成長水準、環境及社會特性、財富重分配形式等。結構性經濟政策是由政府負責制訂，並經立法機關同意，內容涵蓋諸多面向，例如法規政策、產業及貿易政策、社會正義政策、環境及科技政策等。

1. 針對不同市場制定法規

政府在法規政策上，必須決定不同市場（消費市場、勞動市場、金融市場）的運作模式應該傾向自由或管制，例如決定某些產品或服務的訂價機制（如房租、書價等）。

2. 扶植特定產業

透過法規或補助、稅制等工具，政府可以影響特定地區或特定產業部門的生產活動（農業、工業、運輸、基礎建設等）。例如政府為了扶植戰略性產業（如國防、能源）之發展，或許可以成立國營或半國營企業。

3. 財富重分配、實現社會正義

政府可以修訂法律，尤其是與勞動市場 ▶

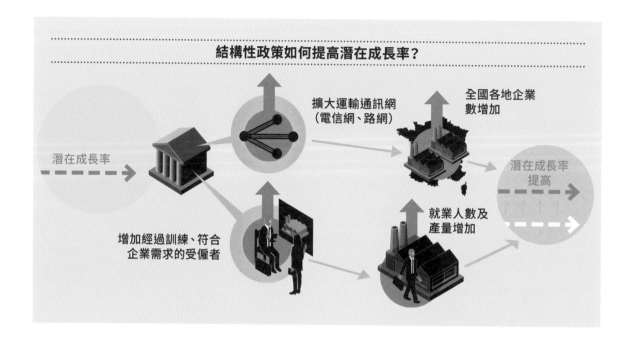

結構性政策如何提高潛在成長率？

潛在成長率

擴大運輸通訊網
（電信網、路網）

全國各地企業
數增加

潛在成長率
提高

增加經過訓練、符合
企業需求的受僱者

就業人數及
產量增加

相關的法律，以便調整不同經濟行為參與者之間的財富重分配，例如消費者與生產者、企業與家戶、年輕人口與退休人口、存款戶與消費者等。舉例來說，政府可以改變退休金起算年齡、挹注技職訓練、調整勞動成本等，不一而足。

4. 改善環境與科技，提升經濟成長品質

政府可以直接或間接鼓勵環境與科技的相關投資，或是建立有助改變生產程序或消費模式的規範、標章和認證制度，透過這些方式也許可以提高經濟成長的品質。

以上各項結構性政策確定後，便可決定重要總體經濟指標的均衡水準（尤其是潛在經濟成長率和結構性失業率）。

經濟成長的動力源頭：優質人力

根據 2018 年經濟合作暨發展組織（OECD）執行的「國際學生能力評量計畫」（PISA）提供的調查結果，在 70 個國家中，法國人的閱讀能力排名第 23 位（台灣第 17 位），科學能力排名第 24 位（台灣第 10 位），數學能力排名第 25 位（台灣第 5）。而根據「國際成人技能評量計畫」（PIAAC）的排名，法國人的表現優於所有 OECD 成員國的平均值。

週期性經濟政策（中、短期）

週期性經濟政策的目標是在短期或中期達成（或恢復）與 GDP 成長、就業、通貨膨脹、（貿易）外部平衡、公共財政有關的重要經濟均衡水準。週期性經濟政策包括預算政策（由政府主導）及貨幣政策（由央行領導）。

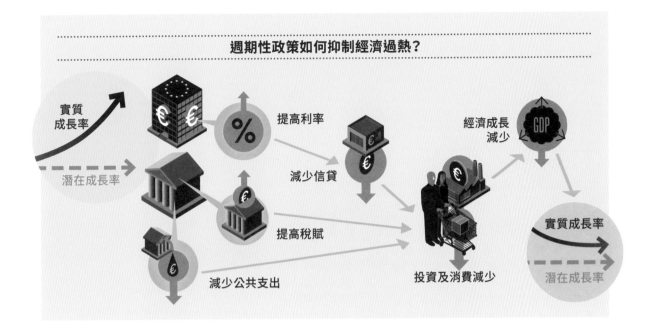

週期性政策如何抑制經濟過熱？

實質成長率

潛在成長率

提高利率

減少信貸

提高稅賦

減少公共支出

經濟成長減少

GDP

實質成長率

潛在成長率

投資及消費減少

根據經濟失衡的性質（相較於基期出現過剩或赤字）以及該國的景氣循環位置，可以區分兩種主要的週期性經濟政策。

1. 景氣谷底該採用的經濟政策

當經濟處於「景氣谷底」（實質經濟成長率低於潛在成長率、失業率高於長期水準、通貨膨脹率低於 2% 的目標等），政府就需要祭出振興政策，例如：

· **讓央行調降利率**（寬鬆貨幣政策）並增加公共支出（擴張性預算政策）。

· **設法維持市場的需求量**（為家戶減稅並／或增加所得及移轉性支付、促進消費及公共投資等）以及供給量（為企業調降稅率、提出刺激企業投資之措施）。

振興政策的目標是維持經濟成長及增加工作機會。如果提升景氣的方向錯誤、出手太重或政策推動方式不佳，可能會導致過度通膨，破壞貿易平衡（如果國內生產量不能

滿足新增的商品與服務需求，進口量就會增加），使政府赤字更加嚴重。

2. 景氣高峰該採用的經濟政策

相反地，當經濟「過熱」（處於景氣高峰），就是施行緊縮政策的時機了。政府可以藉由調高基準利率（緊縮性貨幣政策）和抑制公共支出，甚至削減額度（緊縮性預算政策），來降低或消除通膨壓力、預算赤字及貿易赤字。實施緊縮政策能帶來健康的經濟放緩並創造工作機會，「健康」是因為放緩可以讓經濟成長的趨勢長期保持正向，不致失衡（經濟泡沫、嚴重通膨），若是嚴重失衡可能會爆發經濟危機或社會危機。

不論是擴張性或緊縮性政策，實施週期性經濟政策都是為了製造反景氣循環（countercyclical）的效果，也就是減少重要經濟變因的波動，使其不致偏離經濟均衡水準太多。●

ECONOMIC POLICIES

影響經濟成長的幕後操盤手

#公共行政部門
#公共財政政策
#李嘉圖等值定理
#Ricardian equivalence theorem

公共行政部門規模龐大，是經濟體中極具分量的經濟行為參與者。透過支出和收入的預算分配，公共行政部門可以左右國家的經濟成長。這些現象都和經濟學家通稱的「預算政策」有關。

政府怎麼用「支出、收入」來影響經濟成長？

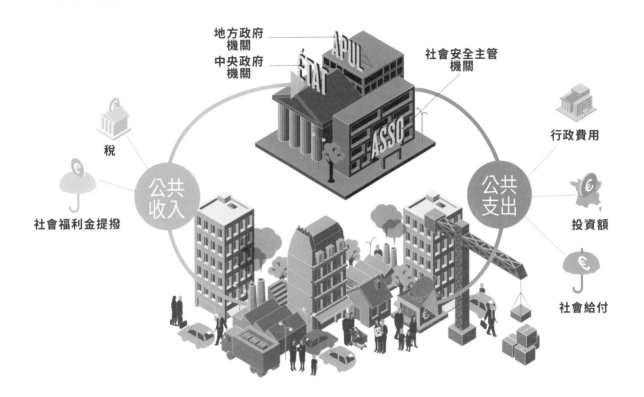

地方政府機關
中央政府機關
社會安全主管機關
稅
社會福利金提撥
公共收入
公共支出
行政費用
投資額
社會給付

用公共「支出」，影響經濟成長

公共行政部門可以透過幾種不同的支出管道影響經濟活動：

・**行政費用**（人事費用、用品採購費用等）。

・**投資額**（購買設備及不動產、進行新工程、大型修繕、放款、預支等）。

・**社會給付**（失業補助、家庭補助、住房補助等）。

增加或減少這些支出，能分別為市場帶來注入資金或抽離資金的效果。舉例來說，為公務員加薪可能會帶動家庭消費增加。不過受到理財型態的影響，也可能導致家庭儲蓄增加，就如同李嘉圖等值定理（Ricardian equivalence theorem）所言（參見第 67 頁方框）。相反地，如果縮減投資額，例如減少與社會住宅相關的支出，很可能會擠壓營造業的獲利。

用公共「收入」，影響經濟成長

公共行政部門也可以透過收入影響經濟活動，尤其是對家庭和企業課稅的多寡。舉例來說，提高商業增值稅會導致日常開銷增加，對家庭的購買力造成負面影響，最終減少家庭的消費性支出。

▶

**如同公共財政會影響 GDP 成長，
經濟活動也會反過來影響公共財政。**

針對收入方面，公共行政部門也可以操作社會福利金提撥的槓桿。例如藉由減少企業負擔的提撥福利金來降低生產成本，希望因此提高企業的投資額及／或聘僱員工額。

財政的自動穩定機制

政府的財政運作可以積極影響經濟成長，也可以透過多種自動穩定機制，來調節、緩和景氣循環造成的波動。

舉例來說：

· **假設經濟危機爆發，失業率攀升：**如果被解僱的人能享有失業補助，緩解他們消費性支出的不足，便能減輕失業對經濟活動的負面衝擊。

· **假設經濟快速成長：**薪資因此大幅調升，政府就能調漲薪資所得稅率，讓受薪者的消費額或投資額多少受到限制，藉此抑制 GDP 的成長幅度。

編列預算前要考慮什麼？

如同公共財政會影響 GDP 成長，經濟活動也會反過來影響公共財政。就像前面提到的那些機制，如果經濟成長增加，政府的財政收入就會提高，同時未來的公共支出也可能增加。相反地，如果經濟走下坡，政府的稅收就會減少，未來公共支出的預算也會減少。

這就是為什麼政府在編列下一年度預算案時，非常仰賴經濟部及財政部提供的 GDP

成長預測。這些資料有助於預估未來的財政收入（以及與社會保障有關的支出），從而判斷未來的財政支出額度。此外，如果經濟成長不如預期的樂觀，則實際的政府收支狀況可能會比之前用來預估支出額度的數值更不理想（反之亦同）。●

政府在編列下一年度預算案時，必須參考經濟部及財政部提供的 GDP 成長預測，以此預估未來的政府收支狀況。

李嘉圖等值定理是什麼？

根據 19 世紀古典經濟學家
李嘉圖（David Ricardo）的見解，
政府提高舉債的額度和未來為了還債
必須增稅的額度是相同的。如果經濟
行為參與者能理性思考，那麼以舉債
為財源的財稅振興方案應該不會增加
他們的消費／投資意願，反而會促使
他們儲蓄，為未來的增稅做準備，
以致政策無法發揮效用。
實證研究結果顯示，
李嘉圖的理論符合某些國家的
部分真實情況。

預算政策如何影響經濟成長？

（資料來源：INSEE）

	2014	2015
調低企業稅捐	− 0.5% → + 0.2%	− 0.5% → + 0.4%
提高商業增值稅與能源稅	+ 0.3% → − 0.2%	+ 0.2% → − 0.2%

實施企業減稅措施（例如為提高競爭力及促進就業而實施的減免措施、為鼓勵企業簽署「社會連帶與責任協議」提供的免稅額）讓法國在 2014 年及 2015 年減少了相當於 0.5%GDP 的稅收。根據法國國家統計與經濟研究所的研究資料，上述措施分別在 2014 年及 2015 年貢獻了 0.2% 及 0.4% 的經濟成長。

相反地，提高家庭支付的間接稅（調升商業增值稅及能源稅），使 2014 年的歲入增加了 0.3% 的 GDP，2015 年則增加了 0.2% 的 GDP，對經濟成長來說，每年因此承受的負面衝擊為 0.2%。

ECONOMIC POLICIES

經濟政策其實是在玩財富大風吹？

政府推行經濟政策是為了在短期內刺激或減緩經濟成長，並促進未來的潛在經濟成長。

這些措施就像是在經濟行為參與者之間玩大風吹：如果某項措施的財源來自借貸，則債務將由未來的納稅人承擔，如果不是，代表是不同產業或是不同參與者之間財富移轉的結果。政府永遠無法保證經濟措施的效果，因為各參與者的反應終究出於自由意志。

為了振興經濟，以借貸方式達成降稅的優缺點

調高商業增值稅（增值稅是指對生產活動的增值額徵收的一種間接稅）

經濟行為參與者之間的財富移轉圖

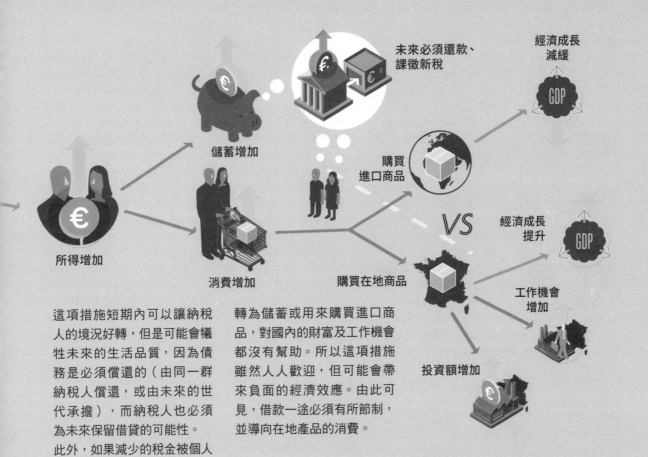

儲蓄增加

未來必須還款、課徵新稅

經濟成長減緩

GDP

購買進口商品

所得增加

消費增加

購買在地商品

VS

經濟成長提升

GDP

工作機會增加

投資額增加

這項措施短期內可以讓納稅人的境況好轉，但是可能會犧牲未來的生活品質，因為債務是必須償還的（由同一群納稅人償還，或由未來的世代承擔），而納稅人也必須為未來保留借貸的可能性。

此外，如果減少的稅金被個人轉為儲蓄或用來購買進口商品，對國內的財富及工作機會都沒有幫助。所以這項措施雖然人人歡迎，但可能會帶來負面的經濟效應。由此可見，借款一途必須有所節制，並導向在地產品的消費。

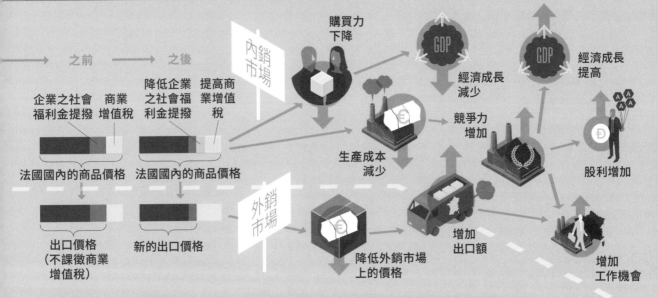

購買力下降

內銷市場

GDP

經濟成長減少

GDP

經濟成長提高

→ 之前 → 之後

企業之社會福利金提撥　**商業增值稅**

降低企業之社會福利金提撥　**提高商業增值稅**

法國國內的商品價格　**法國國內的商品價格**

競爭力增加

生產成本減少

股利增加

出口價格（不課徵商業增值稅）　**新的出口價格**

外銷市場

降低外銷市場上的價格

增加出口額

增加工作機會

這項措施是將稱為商業增值稅（VAT）的消費稅提高，以填補降低企業「非薪資之勞動僱用成本」（non-wage labor cost，如社會保險、交通補貼等，又稱社會福利金提撥）的缺口，亦即企業應負擔的費用被轉嫁到消費者身上。短期來說，消費者受到損失（價格提高所以購買力下降），但如果企業變得更有競爭力，可以創造更多工作機會、所得（薪水）和財富等，消費者就有機會在中期賺回來。不過，沒有人能保障企業會配合，畢竟企業得到更多利潤之後，誰知道會拿去做什麼呢？

69

ECONOMIC POLICIES

政府從哪裡賺錢，又把錢花在哪裡？

提到公共財政的管理，雖然中央政府（內閣部會、中央主管機關、各地警署等）向來都是最主要的推手，但中央政府並非唯一能夠執行財政政策的單位。事實上，公共財政機關還包括所有如市鎮、省、大區等公共行政部門，底下又包含負責醫療、意外事故、家庭、高齡人口等事務的社會安全主管機關，以及海外領土與地方自治團體。

2016年
赤字
760億歐元

中央政府
機關 —— ÉTAT

收入

6 %
製造稅
土地稅、針對附加價值向企業課徵的提撥金等

1.181
兆歐元
2016年總計

22 %
消費稅
商業增值稅、對石油產品或菸品的課稅等

6 %
其他稅賦
財產移轉稅（如購買不動產、繼承、贈與）、居住稅、富人稅等。

16 %
非稅捐收入
（不含社會福利金提撥）
資產所得
（如出售所得、利息所得）、退還免稅額等

19 %
所得稅
由自然人、公司等繳納

32 %
社會福利金提撥
由企業與受薪勞工提撥

（資料來源：INSEE）

1996～2016年法國稅賦結構的變化及成長概況

（單位：占 GDP 百分比）

	社會福利金提撥		消費稅		所得稅		非稅捐收入（不含社會福利金提撥）		其他稅賦		製造稅	
年份	1996	2016	1996	2016	1996	2016	1996	2016	1996	2016	1996	2016
百分比	18%	17%	12%	12%	7%	10%	8%	9%	2%	3%	3%	3%

（資料來源：INSEE）

2016年盈餘 30億歐元

海外領土與地方政府機關

2016年赤字 30億歐元

社會安全主管機關

支出

1.257 兆歐元
2016年總計

6%
非金融性資產購入淨額
投資項目：基礎建設（道路、橋梁等）、建築物、研究發展等

3%
債務費用
政府債務利息

32%
行政費用
員工薪資、中間消費（如公家機構之維護費）等

58%
社會給付及政府補助
失業補助、家庭補助、國際救援、免稅額（如企業競爭力與就業振興租稅減免措施[CICE]）等。

1978年以來法國的債務總額

（單位：占 GDP 百分比）　（資料來源：INSEE）

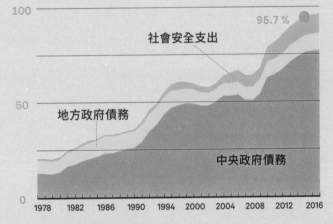

95.7%

社會安全支出

地方政府債務

中央政府債務

2015 年的債務總額占 GDP 的 95.7%，淨額占 GDP 的 86.9%（亦即扣除政府債權後的數額）。

2016年的法國政府債務組成

80.2%
中央政府

10.5%
社會安全支出

2.1474 兆歐元

9.3%
地方政府

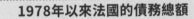

ECONOMIC POLICIES

中央銀行是國家的印鈔機嗎？

大體而言，中央銀行的功能是管理一個國家或貨幣區流通的貨幣數量，以調節通貨膨脹率，並負責確保金融體系的穩定（央行是管理其他銀行的銀行）及維持貨幣的三大功能：交易工具、計價單位和保值功能。中央銀行也是獨立於政府之外，負責決定貨幣政策的機構。

央行肩負哪3大任務？

管理一國或一個貨幣區的流通貨幣

央行負責使物價符合設定的穩定水準（2%左右的通膨率），並藉由其主要工具——基準利率——來確定「貨幣成本」。

確保金融體系的穩定

央行會為商業銀行提供再融資管道（其他銀行的銀行），在商業銀行面臨現金不足的問題時，央行永遠是「最後的貸款對象」。

發行信用貨幣

央行負責製造並讓硬幣及紙幣流通到市面上，並保護貨幣在國內市場的價值（抵抗通膨）及國外市場的價值（匯率因素），使貨幣可以發揮交易工具、計價單位和保值的作用。

錢有許多種型態！

信用貨幣（錢幣和紙幣）

帳面貨幣，寫在銀行存摺上的數字（＝紙上作業）

電子貨幣（電子錢包、禮物卡、預付金融卡等）

型態

功能

交易工具（購物）

計價單位（確定價格）

保值功能（儲蓄）

央行擁有哪些經濟調節工具？

央行管理流通貨幣數量的主要工具，就是「基準利率」。或者，當經濟體落入通貨緊縮的危險，基準利率又相當低的時候，央行會透過購買一些資產，直接為市場注入流動性（注入額外的錢），這也是另一種可行的方法，可以回穩消費物價。

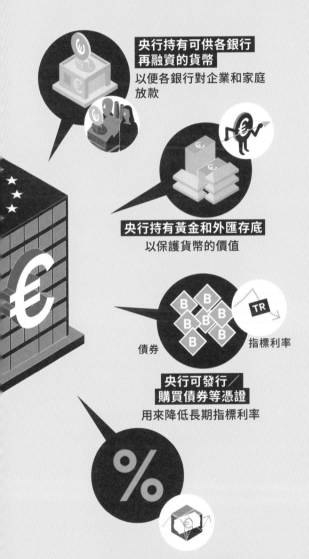

央行持有可供各銀行再融資的貨幣
以便各銀行對企業和家庭放款

央行持有黃金和外匯存底
以保護貨幣的價值

債券　指標利率 TR

央行可發行／購買債券等憑證
用來降低長期指標利率

%

央行可調整基準利率
透過調整存放款基準利率來直接調控資金價格，傳遞鬆緊貨幣之意圖

1999年以來歐洲央行的基準利率與持有資產

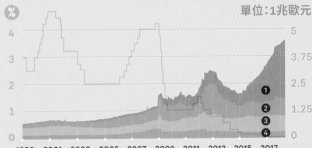

% 單位：1兆歐元

（資料來源：ECB）

歐洲央行具備以下功能：
· 當銀行體系有需求時，歐洲央行會增加貨幣的流動性。

· 歐洲央行會干預債券市場，透過購買債券等憑證達到降低長期利率的目的。歐洲央行曾經數度出手挽救金融危機。

2017年歐洲央行的財產狀況

（單位：1億歐元）

資產			
27,000 債券等憑證 ❶	8,000 對信貸機構放款額 ❷	7,500 黃金與外匯存底 ❸	2,500 其他資產 ❹

資產
負債

負債		
12,000 流通貨幣	26,000 信貸機構存款額	1,000 資本與準備金	6,000 其他負債

中央銀行為什麼獨立於國家之外？

目前全世界大多數的大型中央銀行都是獨立機關，但過去並非如此。央行的獨立性意味著政府不能干預貨幣政策，其目的主要有二：

· 避免政府的債務貨幣化，也就是避免政府為了應付支出，讓央行變成「印鈔機」。

· 避免成為選舉工具。因為政府可能會想要採取寬鬆（高度彈性）的貨幣政策，在短期內（選舉前）維持經濟活動和勞動市場的熱度，而犧牲了物價的穩定與經濟成長的長期均衡發展。

ECONOMIC POLICIES

歐洲中央銀行肩負哪些任務？

#穩定物價
#2%中期通膨目標
#再融資利率
#公信力能左右市場利率

貨幣政策是各中央銀行的專屬業務。在歐元區，負責貨幣政策的是歐洲中央銀行（ECB），其目標有二：第一，確保貨幣體系的良好運作，這是鞏固銀行體系、穩定金融體系及保持支付體系正常運作的基礎；第二，控制通貨膨脹率。

央行如何操作基準利率？

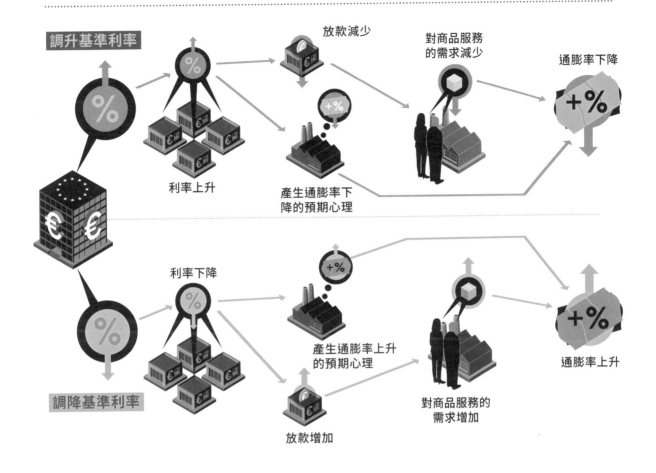

放款減少
對商品服務的需求減少
通膨率下降
調升基準利率
利率上升
產生通膨率下降的預期心理

利率下降
產生通膨率上升的預期心理
對商品服務的需求增加
調降基準利率
放款增加
通膨率上升

終極的工作目標：穩定物價

中央銀行不能決定自己的工作。《歐盟運作條約》（TFEU）中（第 127 條），規定了歐洲央行（以下稱 ECB）的主要目標是穩定物價。條約並未規定 ECB 要達到充分就業之類的目標（美國央行則有此目標），不過其中清楚提及「在不影響物價穩定的前提下」，ECB 應支持歐盟的相關政策，使「歐洲在均衡的經濟成長、穩定的物價與具高度競爭力的社會經濟基礎上，朝充分就業

與進步社會邁進，追求歐洲的永續發展。」

為何穩定物價如此重要？為何物價穩定不等於零通膨？ECB 不要求達到通膨率 0%，因為可能會製造惡性循環：由於消費者預期價格不會改變、甚至會降價，就會傾向延遲消費，因而不利於經濟成長和就業市場，並導致物價繼續下跌。而嚴重且不穩定的通貨膨脹，則會令經濟行為參與者感到不確定；另一方面，物價波動也會使消費者或投資人難以進行理性選擇。假設投資人對中期的物價變化非常不確定，究竟該如何為投 ▶

歐洲央行如何透過購入資產，提升通膨？

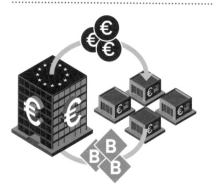

歐洲央行購買債券、釋出歐元。

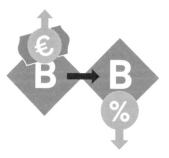

購買行為導致債券價格上升，指標利率下降。

經濟體內的長期利率全部下降。

資案擬定財務計畫呢？一個可預測性高的經濟環境代表經濟行為參與者的預期是穩定的，也是經濟發展能長久的基石。ECB 在景氣循環的調節上扮演著重要角色，例如 ECB 是以「低於但接近 2%」為中期通膨目標。這個數字並非推導自經濟理論，也不是公式演算的結果，而是各大央行（英、美、日）做出的決定，因為維持在 2% 對於通貨膨脹的控制而言較為理想。

控制流通的貨幣數量

為了維持物價穩定，ECB 的首要任務就是管理貨幣。ECB 會控制流通的貨幣數量，並制定「批發價」，也就是再融資利率（參見第 77 頁編注）。通貨數量（亦即貨幣總數）不限於「硬幣和紙鈔」，這個數字包括了所有銀行帳戶裡的歐元存款以及金融憑證（如債券）。貨幣的需求則不受央行控制，而是來自將商品、服務、金融資產或其他法定貨幣轉換為貨幣的過程（買／賣），目的可能是為了進行商業行為（交易）也可能是為了保值（儲蓄）。

調節貨幣流動性，防止通貨膨脹

ECB 的另一項工作是控制貨幣供給量。在數量上，貨幣量的成長和商品與服務產量的成長必須保持一致，是箇中關鍵。舉例來說，如果貨幣量增加太快，貨幣對商品的相對價值就會下跌，也就是同一項商品必須花更多錢才能買到，這就是通貨膨脹的開始。ECB 並不會直接規定貨幣總數，而是調節流動性（liquidity）過剩或不足的問題。因為 ECB 雖然是唯一有權鑄幣印鈔的機構，但發行貨幣並非只是在紙上印錢而已（那張紙的價值就只是一張紙），錢能夠成為錢的第一步，是商業銀行給予家庭或企業一筆信用貸款（借款償還後貨幣就不存在了）。之所以有「天上掉下來的新歐元」出現在銀行帳戶

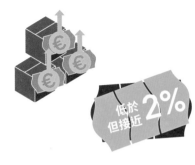

經濟行為參與者向銀行申請信貸，作為消費或投資之用。

因此解除了市場需求不足的問題。

幫助通膨率漸漸提升到 2% 左右。

裡，是因為有人獲得一筆信貸（如果是因為薪資轉帳而得到新的歐元，那這筆錢不過是在兩個經濟行為參與者之間移轉而已）。

歐洲央行可以利用各經濟行為參與者所賦予的公信力，來維持物價穩定。

什麼是「基準利率」？

為了控制通貨數量，進而影響放款狀況，ECB 會透過「基準利率」（又稱再融資利率＊）來確定貨幣價格。各銀行需要貨幣時，可以用這個價格向 ECB 取得現金，並提供金融憑證作為對價。基準利率是唯一的政策利率，有效期間很短（一週），而其他利率（從隔夜拆款利率到 50 年利率）都是由經濟行為參與者自由決定的，視貨幣或債券市場上的供需消長而定。ECB 也可以介入金融市場，達到降低長期利率的效果，但是不會直接決定數額。

「公信力」也能左右利率走向

歐洲央行可以利用各經濟行為參與者所賦予的公信力來維持物價穩定。如果要影響自身無權制定的利率（如不動產放款利率），歐洲央行可以出面說明其貨幣政策、發表新聞稿引導市場的期待，或說服各經濟行為參與者 ECB 會恪守職責。也就是說，如果經濟行為參與者對央行的信賴度愈高，央行對利率的影響力就愈大。藉由左右利率走向，消費性商品及服務的價格最終也會受到 ECB 的影響。●

＊ 編注：主要再融資利率（MRO）是歐洲央行的公開市場操作工具，每週金融機構會以合格的擔保品向 ECB 借入長達一週的資金，一週後 ECB 以逆回購的方式將擔保品賣回予金融機構。

第四章

勞動市場

LABOR
MARKET

CH.4

LABOR MARKET

失業：
最危險、沉重的
社會負荷

#財政支出增加
#自殺率上升
#不安全感升高
#犯罪可能性增加

失業（亦即希望就業但沒有工作）可能會讓人面臨許多巨大的變化，包括財務狀況、社會生活和健康都會受到影響。失業率升高對還在職的人也可能產生間接的負面作用，例如不安全感升高（包括人身安全與工作上的安全感）。失業顯然也會增加社會成本，如果社會上有不少人口都處於失業狀態，集體生活的負荷可能會變得非常沉重。

失業率與自殺率的相關性變化

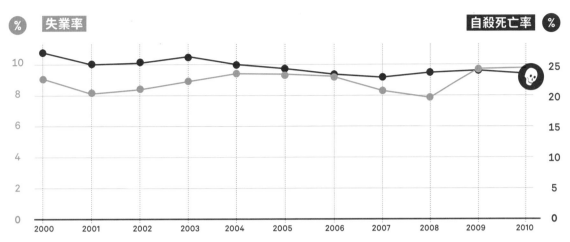

（資料來源：法國經濟、社會與環境委員會[CESE]、法國國家衛生暨醫學研究院[NSERM]、INSEE）

失業的直接影響

1. 喪失購買力，可能會過度負債

　　失業的人會覺得自己失去工作後比較窮，即使有失業補助金也一樣。隨著時間過去，這類補助金愈來愈少，令失業者的購買力與生活品質愈來愈低。如果他原本就有負債，則過度負債的機會便會提高。如果他停止償還欠款，最後財產可能還會被扣押，甚至被趕出房子。

2. 成為社會邊緣人

　　對於受薪階級來說，公司是主要的社交場所，因此失去工作通常也意味著失去職場上的人際關係，導致無法擁有歸屬感。此 ▶

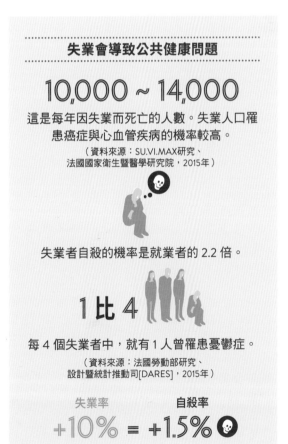

失業會導致公共健康問題

10,000 ~ 14,000

這是每年因失業而死亡的人數。失業人口罹患癌症與心血管疾病的機率較高。

（資料來源：SU.VI.MAX研究、法國國家衛生暨醫學研究院，2015年）

失業者自殺的機率是就業者的 2.2 倍。

1 比 4

每 4 個失業者中，就有 1 人曾罹患憂鬱症。

（資料來源：法國勞動部研究、設計暨統計推動司[DARES]，2015年）

失業率　　　　　自殺率
+10 % ＝ +1.5 %

失業率愈高，公共財政盈餘愈低

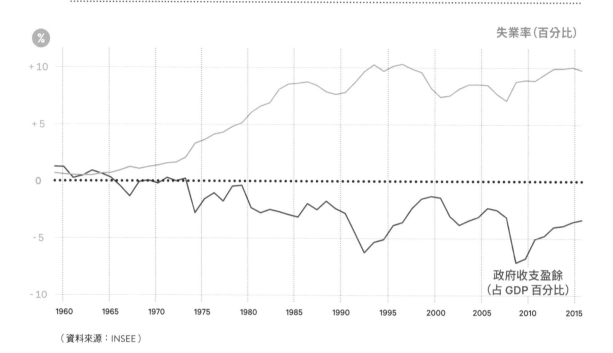

失業率（百分比）

政府收支盈餘
（占 GDP 百分比）

（資料來源：INSEE）

外，失業者在社會上比較不受歡迎，因此自我形象與自尊也會受到打擊。這些因素都是長期失業導致一個人走向社會邊緣的主要原因。

3. 身心健康惡化

由於自我認同與社會地位有一部分來自職場上的固定勞動，長期失業可能會使身心狀況失去平衡。許多研究都指出失業與疾病或自殺之間有所關聯。

長期失業是導致一個人走向社會邊緣的主要原因之一，因為自我認同與社會地位有一部分來自職場上的固定勞動。

失業的間接影響

1. 違法或犯罪的可能性增加

失業者如果找不到工作，會更容易走上犯法之路。事實上，許多研究都顯示偷竊犯、走私犯或暴力犯大多都是貧窮的社會邊緣人，而這和失業都離不了關係。

2. 有工作的人不安全感也會愈來愈強烈

不斷升高的失業率可能會導致受薪階級籠罩在不安的氣氛中，因為害怕自己也會丟了飯碗。這種不健康的氣氛會影響工作環境，導致員工產生壓力，身心健康可能會出問題，公司的營運表現同樣會受到影響。

不斷升高的失業率可能會導致受薪階級籠罩在不安的氣氛中，因為害怕自己也會丟了飯碗。這種不健康的氣氛會影響工作環境，公司的營運表現會受到影響。

3. 失業造成沉重的社會成本

如果失業現象發展成「失業潮」，可能會使整個社會面臨嚴重的財務問題，因為失業會增加公共財政預算的負荷：

・**直接成本：**社會安全支出增加、勞工提撥金減少、稅收流失（所得稅、商業增值稅等）。

・**間接成本：**因失業、壓力、害怕失業所引發的疾病會造成醫療支出增加。失業導致違法行為增加，也會使維持秩序及司法審判的支出增加，也就是提高了司法部門的行政費用。此外，政府赤字增加會造成債務提高，卻無法讓民生得到額外的改善。由此可知，過去幾十年來，（法國）政府增加的債務和赤字中顯然有一大部分不應歸責於國家財政管理不善，而是失業人口提高造成支出增加。●

失業對財政造成哪些衝擊？

1.9%

給付給失業人口的社會安全支出
高達 410 億歐元，
相當於 GDP 的 1.9%。

（資料來源：CESE，2015年）

360億歐元

與失業相關的公共支出金額
為 360 億歐元（其中將近 120 億
是稅金與社會提撥金短收的結果），
卻還有 230 萬名待業中的人
沒有領到失業保險金。

（資料來源：CESE，2015年）

失業者落入貧窮的陷阱

1,100歐元／月

失業保險金平均淨值為每月 1,100 歐元，
但有 39% 的失業者沒有領到保險金；
50% 的失業者每月領到的金額
低於 500 歐元。

（資料來源：CESE，2015年）

LABOR MARKET

透過不同定義，就能操縱失業率？

#失業人口的嚴格定義
#年滿15歲的勞動人口
#隨時可以工作
#正在尋找工作

評估失業率是一項需要多方考量的工作，因為即使針對同一個國家，依據不同的失業定義或蒐集資料的方法，也可能產生難以忽視的差異；法國的情形就是如此。法國國家統計與經濟研究所（以下簡稱 INSEE）與就業服務中心這兩個負責計算失業率的機構，公布的失業數據便大相逕庭。

真實失業人數究竟是多少？
（2006～2016年）

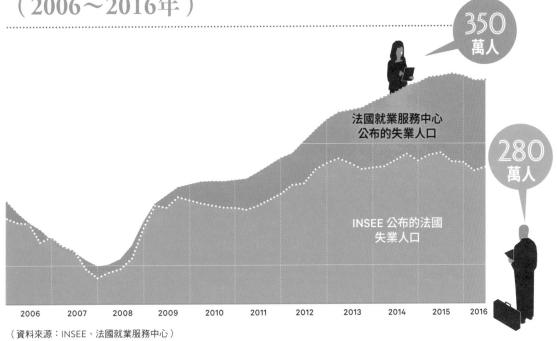

法國就業服務中心
公布的失業人口

350
萬人

280
萬人

INSEE 公布的法國
失業人口

| 2006 | 2007 | 2008 | 2009 | 2010 | 2011 | 2012 | 2013 | 2014 | 2015 | 2016 |

（資料來源：INSEE、法國就業服務中心）

2010 年以來，INSEE 與就業服務中心公布的法國失業數據差距愈來愈明顯。2016 年，就業服務中心指出法國本土的失業人口有 350 萬，INSEE 則認為「只有」280 萬人。更麻煩的是，有時就連變動的方向都背道而馳。舉例來說：針對 2013 年下半年，就業服務中心公布失業人口新增了 37,000 人，INSEE 公布的卻是減少了 87,000 人。這種情況可能是出於方法上的差異，我們判讀這些數字時需多加思考。

定義不同，失業數據大不同

對就業服務中心來說，登錄在中心名單

有時候即使失業人口減少，失業率也不會下降。

上的人就屬於失業人口。根據該中心的說法，「所有需要工作、居住於法國國土、可投入勞動市場的人，只要依據登錄規範、提供付款機構資訊並提出符合規定之身分證件」即可登錄名單。

INSEE 則為了與國際上的用語保持一致，採用與國際勞工局（International Labor Office, ILO）相同的定義：「失業人口係指年滿 15 歲的勞動人口，並同時符合以下 3 項條件者。」（見下頁）

▶

・**沒有工作**，亦即在資料標準週中沒有工作超過 1 個小時（編注：「資料標準週」指每個月含 15 日當天在內的一週〔星期日～星期六〕）。

・**隨時可以工作。**

・**正在尋找工作或已經找到工作正在等待結果。**

定義不同是兩個機構數據落差的第一個解釋。換句話說，依照 ILO 的定義，在就業服務中心登錄的失業者未必會被認定為失業人口（反之亦然）。

其次，就業服務中心提供的數字是登錄在該中心資料庫的求職人數；INSEE 公布的則是針對 10 萬人左右進行的問卷調查結果。

此處再度可以看出，技術的差異也可能是計算結果歧異的原因。具體來說，求職不順的人可能會向 INSEE 表示目前已不再積極求職而不計入失業人口，然而他的名字仍然登錄在就業中心的資料庫裡。

從 2013 年起兩個機構的數據分歧更深，這可能與 INSEE 採用新的問卷有關。新問卷主要是修正了一些過去可能會導致許多人答題產生偏誤的問題。

為什麼失業人數漸少，失業率卻沒有下降？

經濟學家十分關心失業問題，但他們非常看重的統計學家卻不那麼關注失業人數，反而更關注失業率，也就是在勞動人口中（就業者加上失業者，不計入各級學校學

哪些人是非勞動人口（即不計入失業人口）？

* 編注：台灣數據為2019年12月主計處公布之資料。

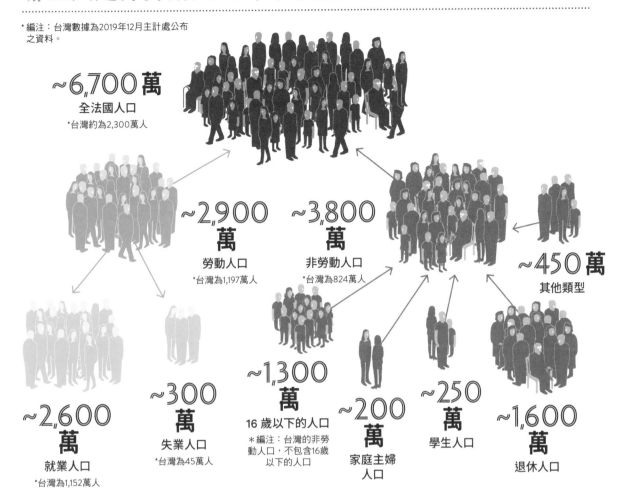

~6,700萬
全法國人口
*台灣約為2,300萬人

~2,900萬
勞動人口
*台灣為1,197萬人

~3,800萬
非勞動人口
*台灣為824萬人

~450萬
其他類型

~2,600萬
就業人口
*台灣為1,152萬人

~300萬
失業人口
*台灣為45萬人

~1,300萬
16 歲以下的人口
＊編注：台灣的非勞動人口，不包含16歲以下的人口

~200萬
家庭主婦人口

~250萬
學生人口

~1,600萬
退休人口

生、高等教育學生、退休人士及自願無業人士）失業人口所占的比例。對統計學家來說，這種方法較能看出失業的嚴重性，因為可以將失業情形與有能力或有意願工作的人數相互對照。按照這種思路，分析失業率及其變化應該要同時考慮失業人數及勞動人口。失業率下降不一定代表工作機會增加，有可能是因為失業人口上升的幅度小於勞動人口上升的幅度。有時候即使失業人口減少，失業率也不會下降，例如 2010 年法國第四季就曾發生這樣的情形。根據 INSEE 的資料，失業人口減少了 17,000 人，但失業率卻沒有變化。原因是什麼？因為勞動人口大幅減少（少了 184,000 人），主要是有些被解僱的勞工（有意或無意）沒有申報自己是失業人口，還有一些是退休後職位並未被替補。●

LABOR MARKET

你是
灰色勞工嗎？

就業市場的「灰色地帶」這個詞反映的是一種不容易清楚界定的勞雇關係。灰色地帶包含非正式勞動、不穩定的雇傭形式或混合式的職業型態。

而「灰色地帶」中，分為兩類型失業人口，第一類稱為「失業光暈圈」，隱藏在「非勞動人口」裡，這些人可能因為失業太久，已倦於再找工作，因此被歸為「非勞動力」。

第二類稱為「低度就業」，隱藏在「勞動人口」中，這些人表面上是就業者，但他們的工時和收入都偏低，沒有完全發揮應有的生產能力。

2,580 萬
有工作的法國人口數

140 萬
失業光暈圈的人口數

國際勞工局忽略的「失業光暈圈」

國際勞工局的失業人口定義忽略了失業人口和非勞動人口之間的關係。有些人其實有工作意願，卻被歸類為非勞動人口，原因可能是他無法立即投入工作，或是沒有積極求職。這些人就是所謂失業人口外圍的「光暈」。

真實失業率應為 15%
官方失業人口數＋失業光暈圈人口數
＝略多於 400 萬的失業人口（2016 年），
相當於 15% 的勞動人口。這個數字比官方計算的失業率多了一半，可見失業問題的嚴重性遭到低估，必須盡快採取措施，解決失業光暈圈的問題。

（資料來源：INSEE）

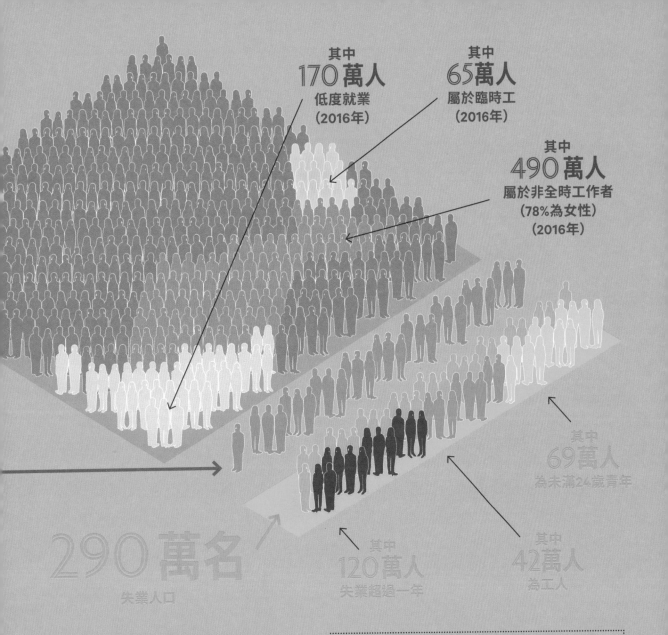

其中
170萬人
低度就業
（2016年）

其中
65萬人
屬於臨時工
（2016年）

其中
490萬人
屬於非全時工作者
（78%為女性）
（2016年）

其中
69萬人
為未滿24歲青年

290萬名
失業人口

其中
120萬人
失業超過一年

其中
42萬人
為工人

失業人口占20%的勞動人口
為了評估勞動人口「沒有工作可做」
的真實情況，我們需加總以下數字：
失業人口＋失業光暈圈人口＋低度就業人口＝
大約 600 萬人（2016 年），
相當於勞動人口的 20%。
（資料來源：INSEE）

女性占70%的低度就業人口
2016 年，170 萬人處於低度就業的狀態，
其中超過 70% 為女性。
（資料來源：INSEE）

什麼是「低度就業」
（UNDEREMPLOYMENT）？

根據國際勞工局的定義，低度就業人口指的是處
於以下狀態的就業者：

· 非全時工作者，希望可以有更多工作也可立即
工作；但他可能正積極尋找工作，也可能沒
有。

· 非全時工作者（上述情形以外）或是全時工作
者，但是在資料標準週內的工作時數比以往
少，原因可能是科技性失業（非全時失業）所
致，或是工作受到臨時工的影響。

LABOR MARKET

女性失業率
其實比
男性還要低？

#全球金融海嘯
#歐元區主權債務危機
#聘用男性為主的產業遭受衝擊
#男性失業率飆升

失業率這項指標，就像 GDP 等總體指標一樣，在定義上有一些陷阱和盲點，我們只要觀察一些細部現象，就會發現許多狀況各不相同的失業問題都遭到忽視。例如在法國（其他國家也是一樣），性別、年齡、教育程度、社會職業類別都造成了不同型態的失業問題。

法國的失業概況：各社會職業類別的失業率統計

（資料來源：INSEE、歐盟統計局[Eurostat]）

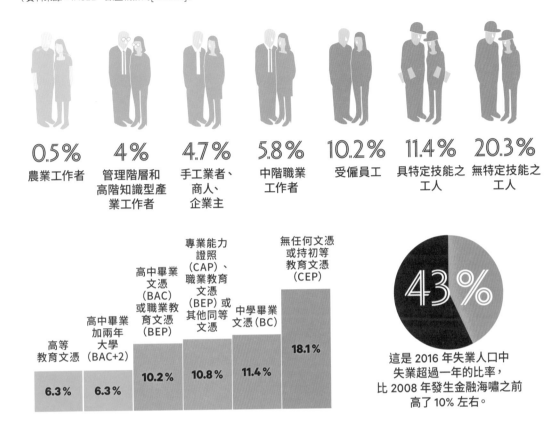

0.5%	4%	4.7%	5.8%	10.2%	11.4%	20.3%
農業工作者	管理階層和高階知識型產業工作者	手工業者、商人、企業主	中階職業工作者	受僱員工	具特定技能之工人	無特定技能之工人

高等教育文憑	高中畢業加兩年大學（BAC+2）	高中畢業文憑（BAC）或職業教育文憑（BEP）	專業能力證照（CAP）、職業教育文憑（BEP）或其他同等文憑	中學畢業文憑（BC）	無任何文憑或持初等教育文憑（CEP）
6.3%	6.3%	10.2%	10.8%	11.4%	18.1%

43%

這是 2016 年失業人口中失業超過一年的比率，比 2008 年發生金融海嘯之前高了 10% 左右。

年輕人的非全時工作比率最高

初入職場的年輕人特別容易失業，15 ～ 24 歲人口的失業率明顯高於平均值，25 ～ 49 歲人口的失業率則略低於平均值，超過 50 歲的人口甚至再更低一些。以 2016 年為例，總人口的失業率為 10%，15 ～ 24 歲人口的失業率卻高達 25%。以從事非全時工作的比率來說，15 ～ 24 歲的族群也是最高的（占 25%，25 ～ 49 歲的族群則是 16.5%），超過 50 歲人口的非全時工作比率則為 22%。相反地，處於失業光暈圈的人則以 25 ～ 49 歲最多（參見第 88 頁）。

知識技能較低的人也容易失業

比較社會職業類別，工人最容易失業（16%），而管理階層是 4%，受僱員工是 10%。然而有特定技能的工人（約 11%）與無特定技能的工人（約 20%）又有極大差異，與初始知識技能水準有關的統計調查也證實了這種差異的存在。具體而言，文憑或 ▶

證照等級愈高的人愈不容易失業；受過高等教育的人失業率約為 6%，僅高中畢業者為 10%，無任何文憑的人則將近 20%。

「全球金融海嘯」導致男性失業率高於女性

雖然女性失業率長期高於男性（2000 年代初的差距是 2.5%），不過進入 21 世紀之後兩者持續趨向一致，終於在 2009 年達到同一水平。在長期失業人口方面也觀察到相同的趨勢（按照法國國家統計與經濟研究所的定義，長期失業者指的是尋找工作至少一年以上的失業者）。2012 ～ 2015 年間，雖然法國全國失業人數持續上升，但女性失業的狀況比男性輕微，使得女性失業率首次明顯低於男性（短期及長期失業率皆然）。這是因為先後受到 2008 ～ 2009 年全球金融海嘯，以及 2012 年歐元區主權債務危機嚴重衝擊的產業，出現工作機會大減的情形（即工業與營造業，都是以聘用男性為主的產業）。2016 年起，法國全國失業率漸漸下降，男女失業率的差距也消失了，因為國內工作機會的回升對男性較為有利，就當時而言，工作機會增加對於非長期失業者助益較大，而長期失業的女性人口比較少（2016 年占比為 4%，男性則為 4.6%）。

更客觀一點來看女性在勞動市場上的處境，我們會發現事實上，與男性比較，有部分失業統計偏誤是來自女性就業者原本就比男性少。以全時工作而言，2016 年女性的就業率是 61%，男性則為 68%。更令人憂心的是，女性在勞動市場上更容易遇到工作不穩

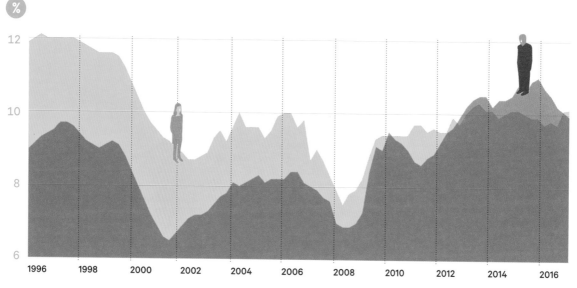

男女性的失業率差距

（資料來源：INSEE）

歐洲的失業率分布

（資料來源：歐盟統計局）

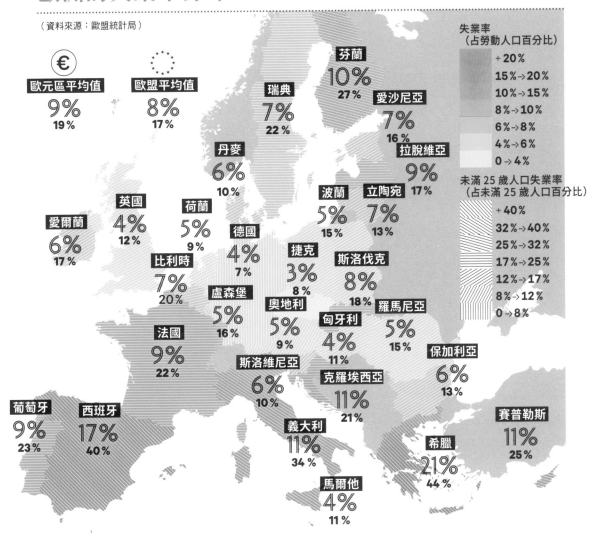

失業率
（占勞動人口百分比）

+20%
15%→20%
10%→15%
8%→10%
6%→8%
4%→6%
0→4%

未滿 25 歲人口失業率
（占未滿 25 歲人口百分比）

+40%
32%→40%
25%→32%
17%→25%
12%→17%
8%→12%
0→8%

€ 歐元區平均值
9%
19%

歐盟平均值
8%
17%

芬蘭
10%
27%

瑞典
7%
22%

愛沙尼亞
7%
16%

拉脫維亞
9%
17%

丹麥
6%
10%

英國
4%
12%

荷蘭
5%
9%

波蘭
5%
15%

立陶宛
7%
13%

愛爾蘭
6%
17%

德國
4%
7%

捷克
3%
8%

斯洛伐克
8%
18%

比利時
7%
20%

盧森堡
5%
16%

奧地利
5%
9%

匈牙利
4%
11%

羅馬尼亞
5%
15%

保加利亞
6%
13%

法國
9%
22%

斯洛維尼亞
6%
10%

克羅埃西亞
11%
21%

葡萄牙
9%
23%

西班牙
17%
40%

義大利
11%
34%

希臘
21%
44%

賽普勒斯
11%
25%

馬爾他
4%
11%

定的問題，因為女性的非全時工作就業率比男性高出許多（18% 對 5%）；女性在失業光暈圈中的占比也較高（55%），而且低度就業的情形也較多（占 70%）。

結論無非是老生常談，根據這些統計數據，如果要減少失業（或低度就業）的情形並治療病灶，就應該重視進入職場前的基礎教育及之後的持續教育，同時強化有助年輕人及女性融入就業市場的措施（提供見習機會、職前／再就職教育、有助協調工作與家庭生活的輔助措施等）。●

LABOR MARKET

GDP成長率超過1%，才能創造新的工作機會？

#結構性失業　#循環性失業
#Phillips Curve　#菲利普曲線
#Beveridge Curve
#貝佛里齊曲線

要減少失業人口，政府必須就失業的結構性原因與循環性原因對症下藥。循環性原因與景氣循環以及市場對商品、服務的需求不足有關，因此必要手段是振興經濟。而結構性原因則需要從改變技職訓練、調整勞動成本或僵化的勞動市場著手。

結構性失業

1. 摩擦性失業：求職「免不了」的空窗期

摩擦性失業是指「免不了」的求職空窗期，如果應徵者和開出工作職缺的公司花愈長時間找到「另一半」，這種失業人口便愈多。要縮短這段空窗期並非易事，最好的方法是開發一套資訊系統，為勞動的供給方與需求方建立溝通管道。

2. 自願性失業：不一定「自願」

自願性失業代表失業者「自己想要」在上一份和下一份工作之間有一段空窗期。失業者也許會利用這段時間準備轉職，進修一些提升知識技能的課程，以更符合業界需求。所以這段時間是有益的，因為長遠而言，將有助減少結構性失業並提高經濟體的成長潛力。

不過自願性失業的原因也可能是失業者本人缺乏求職動力，例如他認為失業保險金和企業開給他的薪資條件差距微乎其微，所以他寧可繼續失業。如此便落入所謂「失業陷阱」，也因此有些人對自願性失業的「自願」成分產生質疑。為了提高重回職場的吸引力，法國政府在 2016 年推出就業獎金的措施，讓薪資不高的人也能提高購買力。

3. 長期失業：勞動市場不健全

長期失業的成因是勞動力的供需不對等，原因包括：

- **沒有勞工符合企業要求的能力。** 政府需要加強教育訓練（基礎教育或持續教育），以改善勞工就業能力。
- **雇主沒有能力鑑別應徵者的能力。**
- **有能力的勞工和工作機會都不缺，但兩者不在同一個地方。** 如此就需要改善基礎建設、住房、交通等「生態系統」，使勞工獲得足以接近工作機會的移動能力。
- **勞動市場僵化**（如勞動成本、勞動時間、勞動契約規範），使勞工難以重返職場，同時也不利新的勞動力進入市場。要解決這一類失業問題，可以透過降低勞動成本及增加勞動市場彈性這兩種手段，但如此也會直接導致勞工收入減少、不穩定的工作型態增加等現象，分寸該如何拿捏是非常困難的。就如同法國的「彈性安全制度」（兼顧員工的就業安全保障和企業經營彈性的制度），這不只是一個經濟議題，而是整個社會的選擇。

循環性失業

這種失業人口的成因與經濟成長不足有關。經濟即使正向成長，成長幅度也必須超過生產力的增長，才能創造新的工作機會。具體來說，假設經濟成長率是 1%，也就是某間企業在第零年生產了 100 個產品，第一年則生產了 101 個產品。如果改善製程能讓這間企業每年都多生產 1% 的產品，他們就不需要僱用新的人員；但如果市場需求的成長超過 1%，該企業就必須生產超過 101 個 ▶

GDP成長率VS職缺總數

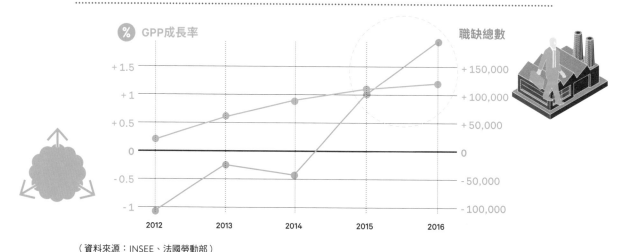

（資料來源：INSEE、法國勞動部）

2015 年起，法國的 GDP 成長率超越了 1% 的門檻。同一時間，職缺的總數也開始往正向成長，也就是說 GDP 成長率必須超過 1% 才能創造新職缺。

產品，而為了回應需求，他們只能增加工作時數，否則就要僱用更多人。法國的年生產力成長率在 0.5 ～ 1% 之間，所以 GDP 的成長必須超過這個水準才能增加工作機會。要將循環性失業降到最低，就必須藉由寬鬆的貨幣政策和預算政策來振興經濟。

如何計算不同失業類型的數據？

對於上述各種失業類型，政府並沒有提供統計數據，只有一些估計值。經濟學家可從勞動市場的壓力推導出「結構性」失業率，例如當勞動力減少時，薪資壓力就會升高。此外，菲利普曲線（Phillips Curve）和貝佛里齊曲線（Beveridge Curve）（見第 97 頁）也是兩種用來分析失業現象並提供估計值的工具。

失業率有可能降到零嗎？

既然無法避免摩擦性失業和結構性失業，失業率就不可能完全歸零。經濟合作暨發展組織公布的 2018 年法國失業率為 9.1%（編注：行政院主計處公布 2018 年台灣失業率為 3.71%）。

失業率太低也是個問題

失業率太低表示經濟體的供給量有限，也就是市場處於經濟過熱的狀態。如果失業率低於結構性失業率，代表勞動力十分稀缺，則企業會爭奪勞動力，使薪資暴漲，進而導致生產成本與通貨膨脹壓力提高，不利於經濟成長。市場需求也會下降（物價則會上漲），企業會失去競爭力。

貝佛里齊曲線VS菲利普曲線

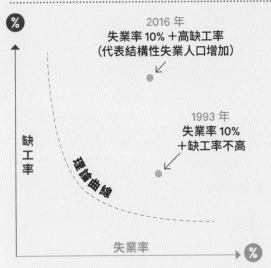

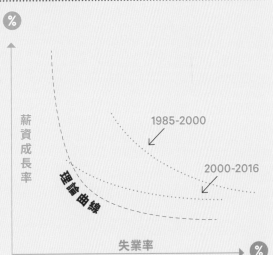

· 貝佛里齊曲線（上圖）表現的是失業率和招聘人員困難度的關係。2016 年，在失業率 10% 的環境下，34% 的企業面臨招募員工的難題。1993 年，在失業率同樣 10% 的環境下，表示有招募困難的企業僅占 12%。結論就是，從 1993 ～ 2016 年，結構性失業的問題變嚴重了。

· 菲利普曲線（右上圖）表現的是失業率和薪資成長率的關係，有助於判斷結構性失業和循環性失業的界線。以法國為例，1985 ～ 2000 年間的曲線和 2000 ～ 2016 年間的曲線有所不同（失業率不變，薪資成長率則降低了）。從理論曲線可以看出，失業率若減少到 8 ～ 9% 的幅度以下，薪資便會快速成長，因此結構性失業率應該位在這個區間。假設失業率是 11%，則結構性失業率應該是 8 ～ 9%，循環性失業率應該是 2 ～ 3%。

循環性失業會變成結構性失業嗎？

先進國家近年來因為幾次金融危機造成經濟熱度不足，在長期未見起色的情況下，已經造成結構性的影響。長期失業的勞工會喪失工作技巧和知識，就業能力也會下滑（稱為「遲滯現象」[hysteresis effect]），這是令人憂心的問題。有些停工的工廠可能無法復工，失業者面對一個搖搖欲墜、注定沒有職缺的產業，唯一的選擇就是改行。

經濟沒有成長，但工作機會增加了，這是好事嗎？

如果一個市場能創造新的工作機會，經濟卻沒有成長，代表短期內這個經濟體還能維持需求量。但是從另一個角度來看，該經濟體的生產力其實正在下降（投入更多生產要素，產量卻不變），最後會導致成本壓力增加，價格壓力也會增加（連帶降低購買力），壓縮了薪資或企業利潤的空間。長期下來，該經濟體的競爭力和出口能力會受到損害，同時也威脅到就業市場。●

第5章

財富不平等
WEALTH &
INEQUALITY

CH.5

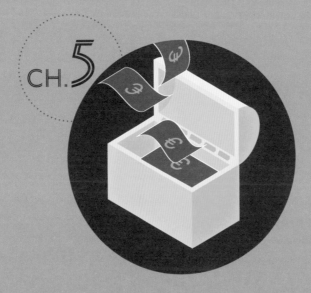

WEALTH & INEQUALITY

你的收入
被誰偷走了？

#吉尼係數
#Gini coefficients
#財富不均現象擴大
#美國 #瑞典
#德國 #英國
#先進國家成長趨緩

過去 30 年間，雖然經濟稱得上活絡，但在許多富裕國家中，所得不平等的現象卻沒有停止惡化，有幾次甚至創下前所未見的紀錄。（編注：2018 年台灣主計處之家庭收支調查報告，指出台灣前 20% 家戶可支配所得占整體 40.51%，後 20% 家戶可支配所得則僅占整體 6.66%）

1985與2014年各國吉尼係數比較

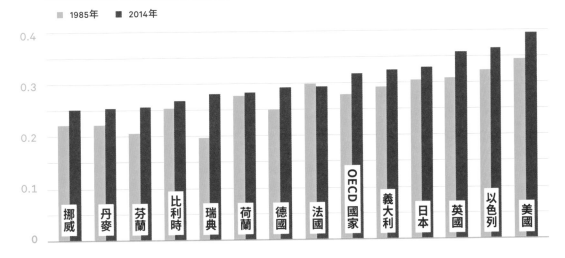

■ 1985年　■ 2014年

挪威　丹麥　芬蘭　比利時　瑞典　荷蘭　德國　法國　OECD國家　義大利　日本　英國　以色列　美國

（資料來源：OECD）

吉尼係數是義大利統計學者科拉多・吉尼（Corrado Gini）所發明。這個指標可用來衡量一群人口的所得離散狀態。吉尼係數介在 0 ～ 1 之間，0 代表完全均等，即所有人都擁有相同所得，1 代表極度不均，只有一人擁有全部所得，其他人什麼都沒有。

根據經濟合作暨發展組織（以下簡稱 OECD）的資料，2014 年全球幾個先進國家的吉尼係數（Gini coefficient）平均為 0.32，相對地，1980 年代中期平均只有 0.28。雖然幾乎各國數值都提高了（法國是極少數幾個吉尼係數沒有上升的國家），但國與國之間至今依然存在明顯的歧異。大部分歐洲國家數值都較低（在 0.25 ～ 0.3 之間），相對地，美國和英國的數值明顯較高（在 0.35 ～ 0.4 之間）。財富不均現象擴大除了會破壞社會凝聚力，政府也得憂心會對長期經濟成長帶來負面效應，使人民開始懷疑當前的經濟發展。（編注：2018 年台灣吉尼係數為 0.338，2017 年美國 0.390、英國 0.357、德國 0.289、瑞典 0.282）

貧窮的人，比 10 年前還要更貧窮

經歷 2008 ～ 2009 年的金融風暴後，35 個 OECD 國家的經濟成長率與就業率自 2010 年起已漸漸復甦。不過，並非所有人都在經濟復甦的行列中，因為經濟重現生機的成果並未公平分配給每個人。由以下兩個現象即可見一斑：

整體的所得不均現象一直在擴大。2010 ～ 2014 年間，OECD 國家的吉尼係數從 0.31 上升到 0.32，其中上升最顯著的是美國、瑞典、德國還有英國。

所得最高和最低家戶之間的差距增加了，即使經過重分配後依然如此。2014 年，OECD 國家中勞動所得最高的前 10% 家戶獲 ▶

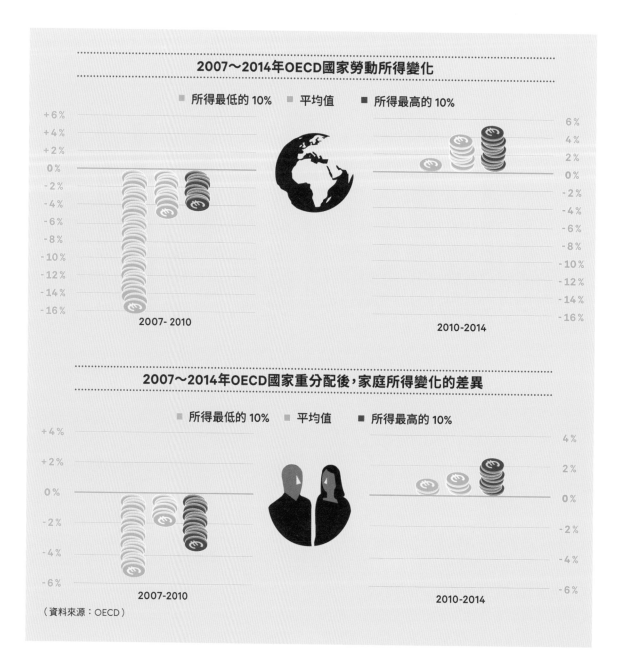

2007～2014年OECD國家勞動所得變化

所得最低的 10%　■　平均值　■　所得最高的 10%

2007- 2010

2010-2014

2007～2014年OECD國家重分配後，家庭所得變化的差異

所得最低的 10%　■　平均值　■　所得最高的 10%

2007-2010

2010-2014

（資料來源：OECD）

得的收入比 2007 年（國際金融海嘯發生前一年）的數值高了將近 1%；相反地，勞動所得最低的 10% 家戶則比 2007 年減少了 14% 的收入，相當於兩者的經濟成長率差了 15 個百分點。經過重分配後（社會移轉性支付和課稅），雖然所得差距明顯減少，但是前 10% 高所得的家戶仍然較有優勢（經濟成長率高了 2 個百分點左右）。可見所得前 10% 和後 10% 的兩組群體之間差距擴大了，而且最高和最低群體之間的落差原本就不小。

為什麼近十年經濟成長趨緩？

進入 21 世紀以來，專家學者便不斷強調所得不均現象對長期經濟成長造成的傷害。根據 OECD 最近的研究顯示，1985 ～ 2005 年間各成員國因為所得不均擴大造成的經濟損失，累積可達 5 個百分點。

投資人力資本（透過培訓提升知識技能）似乎是所得不均與經濟成長之間的重要關鍵，因為當不均現象惡化時，所得不高的人就會傾向減少教育方面的投資。雖然不同社會經濟背景的人教育程度也會有差異，但是如果身處在所得嚴重不均的國家，這種差異就會更加鮮明，因為弱勢者更難獲得良好的教育。換句話說，這會造成人力潛能的浪費，有害於勞動生產力，進而不利長期經濟發展。再者，專家也指出，所得不均現象惡化是 2010 年代先進國家成長趨緩的因素之一。

減少所得分配不均的 4 個政策方向

OECD 認為政府可以操作各種槓桿以減少所得不均現象，但若要確保成效，必須滿足兩個必要條件：有效的社會對話與對制度的充分信任。

OECD 提出 4 大行動綱領：

1. 促進就業：實施相關措施，協助個人融入職場，尤其要幫助個人更容易找到條件更佳的工作機會。

2. 提升婦女經濟生活參與度：推動有助打擊勞動市場性別歧視的政策，包括應聘機

> 當不均現象惡化時，所得不高的人就會傾向減少教育方面的投資。

會、升遷機會以及與男性同工同酬。

3. 鞏固工作能力與教育訓練：投資學校教育，減少訓練不足和教育失敗的機會。同時也要特別注意育有在學孩童家庭的需求，以降低社會經濟差異對教育層面的影響。另一方面，為了幫助個人應對不斷變動的經濟環境，政府應和企業密切合作，大力推動在職教育，讓勞工在職業生涯中能具備足夠的工作能力。

4. 建立達成有效重分配的稅捐及社會安全體系：社會給付需要具有更強的反景氣循環作用（亦即失業率提高時給付更多），稅制的累進程度也應該提高，同時注意政府是否從富裕家庭及跨國企業取得足夠的財稅貢獻。●

WEALTH & INEQUALITY

企業加薪，
能幫助經濟成長嗎？

薪資提高能使人們生活得更好，但企業加薪不一定能加速經濟成長，甚至有可能減緩經濟成長。如果希望薪資成長能進一步創造更多財富與工作機會，還需要結合兩個條件：第一，剩餘的購買力不能用於儲蓄，必須用於消費（而且必須消費非進口商品）；第二，生產成本的增加必須能和生產力的提高或經營費用的減少相互抵消。

所得增加的
只有受薪階級

企業的成本增加

薪水增加

用於消費

購買在地產品

GDP

經濟成長增加

用於儲蓄

購買進口產品

但是

消費減少

GDP

無經濟成長

整體購買力下降，非受
薪階級尤其明顯

物價提高

競爭力下降

出口減少

利潤率減少

職缺減少

投資減少

GDP

經濟成長減緩

WEALTH & INEQUALITY

法國所得不均
的源頭：
極端的薪資差距

#全時等量
#full-time equivalent
#薪資總額
#薪資淨額
#男女同工不同酬

薪資議題時不時成為公共討論的焦點，看起來只是純粹的經濟議題，但薪資其實也是一個社會議題，其中一個重要原因就是薪資與所得不均的現象有關。為了進一步了解法國的薪資議題，並導正一些可能存在你我心中的成見，讓我們先簡單彙整一下現今的情況。

法國月薪淨額之差異：平均值VS中位數

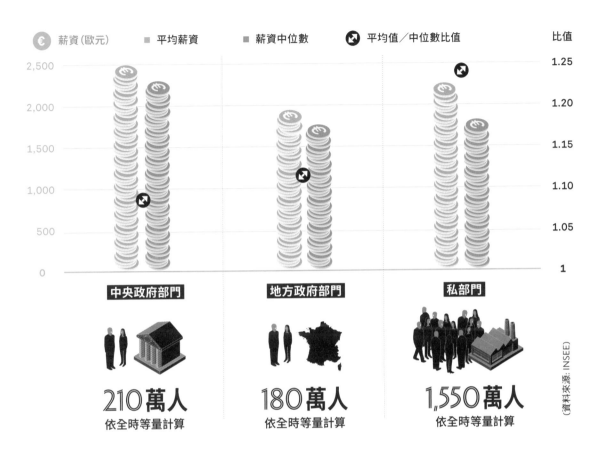

€ 薪資 (歐元)　　■ 平均薪資　　■ 薪資中位數　　⊗ 平均值／中位數比值　　比值

中央政府部門　　　地方政府部門　　　私部門

210萬人　　180萬人　　1,550萬人
依全時等量計算　　依全時等量計算　　依全時等量計算

(資料來源: INSEE)

法國哪個部門的薪水最高？
中央政府部門！

平均而言，中央政府部門的薪水比地方政府部門和私部門的薪水來得高，原因主要是「結構」造成的影響。根據法國國家統計與經濟研究所的資料，2015 年私部門依全時等量（Full-time Equivalent, FTE）（編注：也就是把兼職人員的數量以全職人員的方式來表示）計算的平均月薪總額為 2,998 歐元，淨額為 2,250 歐元。在中央政府部門，依全時等量計算的平均月薪稍高一些，總額

為 3,035 歐元，淨額為 2,495 歐元。相反地，地方政府部門的薪水較平均為低，總額為 2,282 歐元，淨額為 1,891 歐元。中央政府提供的薪水相對優渥，主要的原因是 A 級公務員（最高階的公務員，相當於管理階層）所占比例最高（約占 2/3 員額）。相對地，地方政府的組成以 C 級公務員（最低階公務員）為大宗（約占 3/4）。人員結構的因素也造成與私部門比較的困難，因為私部門的管理階層只占不到 20% 的員額，聘僱人員與工人的占比則接近 2/3。

法國月薪淨額之差異：最低薪與最高薪

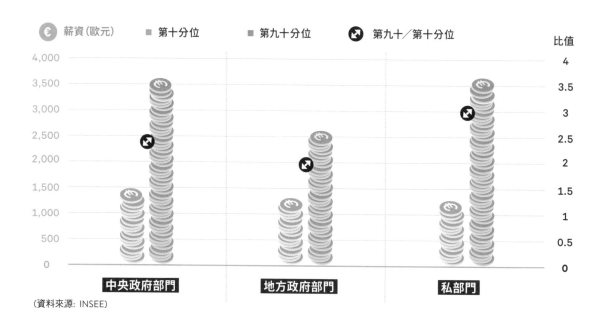

€ 薪資（歐元）　　■ 第十分位　　■ 第九十分位　　✕ 第九十／第十分位

（資料來源: INSEE）

中央政府部門　　地方政府部門　　私部門

薪水分配的均等程度：
地方政府優於中央政府、私部門

　　兩大政府部門（中央與地方）內部的薪資差異，平均比私部門來得小。從月薪淨額中位數與平均值的差距可以觀察到這個現象：政府部門內的落差比較小（約 200 歐元），私部門則比較大（約 450 歐元）。

　　雖然整體的不均現象已相當明顯，但私部門的情況更加嚴重，因為薪資所得前 10% 與後 10% 的群體有極大落差。換言之，薪資前 10% 和後 10% 的差距在私部門中特別明顯。私部門薪資最高的第九十分位（依全時等量計算的月薪淨額為 3,646 歐元）和中央政府部門第九十分位的薪資（3,600 歐元）幾乎相當，但私部門薪資最低的第十分位的收入明顯較低（1,213 歐元，在中央政府部門則可領 1,498 歐元）。同樣地，在地方政府部門中，薪資最低的第十分位獲得的平均薪資也比私部門高了一點（1,322 歐元），但是第九十分位的薪資卻低了許多（2,643 歐元）。由此可知，地方政府部門薪資第十分位與第九十分位的差距比較小，是 2 倍，中央政府則有 2.4 倍，私部門為 3 倍。換句話說，薪資不均的問題在地方政府是最輕微的。自 2000 年代初以來，所得前後 10% 群體的不平等現象在私部門中大致沒有改變，在政府部門中則稍微減輕了一些。

私部門的男女同工不同酬情況

 依全時等量計算的薪資淨額（歐元時價）　　 男女薪資差距　%

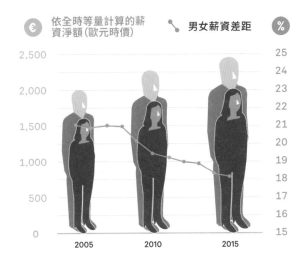

（資料來源: INSEE）

什麼是依全時等量（FULL-TIME EQUIVALENT, FTE）計算的薪資？

為了正確比較薪資差距，需將薪資換算為整年的全時工作薪資，不論實際工作量為何。舉例來說，如果有一個人做了半年的半時工作（50% 的工作時數），累計獲得 6,000 歐元，他的薪水以全時等量計算後相當於每年 6,000×2×2= 24,000 歐元。

薪資總額和薪資淨額有何不同？

薪資淨額指的是扣除所有社會提撥金之後的數額。扣除項目包括一般社會捐（CSG）與社會安全債務清償捐（CRDS）。這是繳納所得稅之前的所得，不含存入公司儲蓄方案的法定分紅和一般分紅。

女性薪資平均比男性低 9.3%

2015 年以後，男女薪資不平等的程度漸漸減少，這是一個良好但十分緩慢的趨勢，然而對女性而言，現況依然相當艱難。2014 年，私部門的女性勞工獲得的薪資平均比男性少了 18.4%。而公部門，和一般想像的不同，環境並沒有比較好，在中央政府中，雖然不平等的狀況也有所改善，但女性的薪資依然比男性平均少了 14.4%。

不過這番比較亦不可盡信，因為其中使用的數據多少會受到結構因素的影響，例如在管理階層與 A 級公務員中，女性的人數較少。如果針對背景相同的群體（產業部門、年齡、社會職業類型和等量計算後的工作時數皆相同），則私部門的薪資所得差距會減少，但是仍然不可忽視，以 2015 年為例，女性的薪資就比男性低了 9.3%。（編注：根據 2017 年行政院性別平等會〈性別平等年報〉，台灣女性平均薪資持續提高，2016 年女性月平均薪資占男性的 83.6%〔少於男性 16.4%〕，男女薪資差距由 2006 年 20.8% 降至 2016 年 16.4%，差距逐漸縮小）●

台灣的男女性薪資差距，由 2006 年的 20.8% 降至 2016 年 16.4%，差距逐漸縮小。

WEALTH & INEQUALITY

80%的國家資產 在誰手上？

2016年，法國家戶資產淨額（亦即扣除負債之後的數額）為 11 兆 1,450 億歐元（總額約 12 兆 6,000 億歐元），相當於 8 年的國民可支配所得（指繳納稅捐後並加上移轉性支付的數額），達到歷史上的新高（2000 年僅為 5.5 年）。家戶資產幾乎占了法國全國資產淨額的 80%，其餘資產則為企業及政府所有。

不動產在資產中的占比高

（資料來源：INSEE、法國央行法蘭西銀行
[Banque de France]）

不動產在政府資產中的占比（2016 年為 55%）和家戶資產中的占比相當（2016 年為 58%），甚至在非金融企業的資產中也占了不小的比率（25%）。

（編注：2017 年台灣行政院主計處公布，不動產在台灣家戶資產中的占比為 36.8%）

家戶資產中的占比

政府資產中的占比

非金融企業資產中的占比

法國的人壽保險：節稅、存錢的優良投資標的

在法國，人壽保險指的是死亡保險契約，如果被保險人在契約期間內身故，金融單位將支付保險金；如果契約到期時被保險人依然健在，則被保險人可取回保費再加上預定的利息。所以人壽保險可以產生孳息，同時可以用來達成長期目標，諸如存退休金、投資不動產等。此外，壽險契約在節稅方面也有很多好處，尤其是遺產稅。

資產總額和資產淨額有何不同？

資產總額只計算資產價值（含金融與非金融資產），資產淨額則是資產總額減去負面資產的價值。換句話說，一個經濟行為參與者的資產淨額就是他的資產總額減去債務後的數額。

法國的家戶資產總額組成

（編注：2017 年台灣行政院主計處公布，台灣家庭的資產結構中，非金融性資產占 40%［其中 36.8% 為房地產］，金融性資產占 60%［其中 25.4% 為現金與存款，15.8% 為有價證券］）

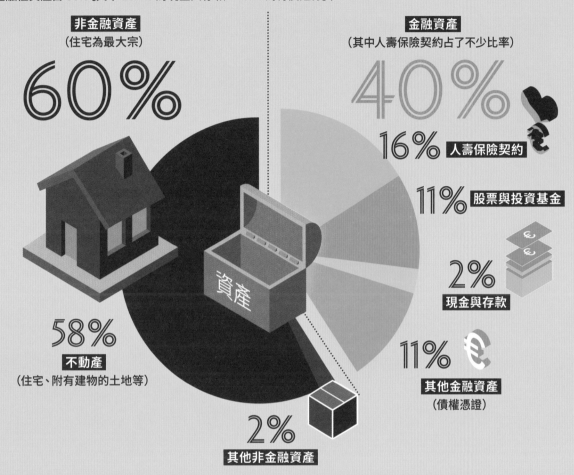

非金融資產
（住宅為最大宗）

60%

58%
不動產
（住宅、附有建物的土地等）

2%
其他非金融資產

資產

金融資產
（其中人壽保險契約占了不少比率）

40%

16% 人壽保險契約

11% 股票與投資基金

2%
現金與存款

11%
其他金融資產
（債權憑證）

2001～2016年法國家戶資產淨額變化

2016 年底，法國家戶資產淨額相當於 8.3 年的國民可支配所得。

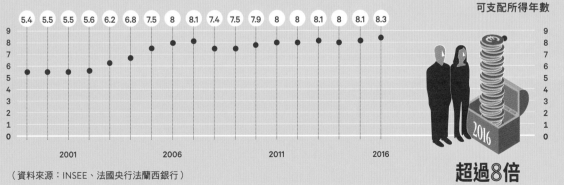

可支配所得年數

| 5.4 | 5.5 | 5.5 | 5.6 | 6.2 | 6.8 | 7.5 | 8 | 8.1 | 7.4 | 7.5 | 7.9 | 8 | 8 | 8.1 | 8 | 8.1 | 8.3 |

2001　　　　　2006　　　　　2011　　　　　2016

超過8倍

（資料來源：INSEE、法國央行法蘭西銀行）

WEALTH & INEQUALITY

繼承和贈與，
讓財富
更不均等！

#資產平均值
#資產中位數
#遺產稅之必要 #財產移轉的效果
#低端家庭的真實情況

雖然法國的家戶資產淨額平均而言相當高（每戶擁有將近 236,000 歐元），貧富落差卻極為明顯，比所得不均的情況更嚴重。從吉尼係數即可見一斑：資產、財富的吉尼係數為 0.65，所得的係數則為 0.28。

前 5% 富有家庭占 33% 家戶總資產

2015 年初，光是資產額最高的前 5% 家庭便持有法國家戶總資產的 33%，而前 1% 家庭的持有占比更超過 15%。相對地，後 50% 較不富有的家庭僅持有 8% 的家戶總資產，後 10% 家庭的占比則低於 0.1%。

有殼族無殼族，資產相差 7.5 倍

法國每 10 個家庭中就有將近 6 個家庭已持有或即將持有不動產作為主要居所，然而在資產額後 50% 的家庭中，僅有 1/4 屬於上述情形，前 10% 的家庭則幾乎都有不動產。持有或即將持有自用住宅（主要居所）的家庭，其資產總額平均為租屋者的 7.5 倍。

不過，有殼族中超過 1/3 的家庭才買下不動產不久，就必須償還貸款。同樣地，在扣除負債之後，不動產持有者和租屋者的平均資產淨額差距便拉近了，尤其在不滿 30 歲的人口中，兩者的差距由 7 倍降到 4 倍。雖然縮小了，但對這個年齡層而言依然是很大的差距，因為能夠購買不動產，代表具備了所得與工作上的諸多保障，還得提出一筆自備款，種種條件往往不是年輕人能夠達到的。

繼承或贈與，讓資產三級跳

資產的增加與年齡成正比，也與財產移 ▶

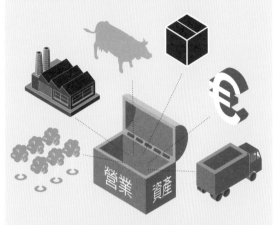

家戶的營業資產包括哪些？

家戶的營業資產包括營業用的財產（土地、機器、房舍、牲口、存貨等）。這些財產在某些家戶資產中的占比相當高，例如在農業工作者的平均資產總額中占了 2/3，在手工業者、商人及企業主則占 1/4，在自由業則占 1/7。

什麼是資產中位數？

就總資產（不動產＋金融資產）而言，資產中位數是指介於最富有的前 50% 與較不富有的後 50% 中間的資產數額。

534,800€

113,900€

3,000€

第十分位　　資產淨額中位數　　第九十分位

資產淨額平均值
（235,900 €）

（資料來源：INSEE）

不同社會職業類別的資產淨額平均值與中位數比較（單位：歐元）

資產淨額平均值

920,200
農業工作者
510,500

491,100
手工業者、商人及企業主
218,500

615,100
自由業
377,900

167,800
中階職業
88,600

313,900
管理階層
204,600

98,100
受僱員工
24,800

100,000
具特定技能之工人
42,000

72,400
無特定技能之工人
16,400

資產淨額中位數

營業資產占平均資產總額的比率

- ● 營業資產
- ● 不動產
- ● 金融資產

64%
農業工作者

26%
手工業者、商人及企業主

14%
自由業

3%
管理階層

（資料來源：INSEE）

轉有密切關聯。家戶資產額，不論是總額或淨額，都隨著參照人（reference person，指一理想化之人）的年齡上升而增加，70 歲後才開始下降。根據法國國家統計與經濟研究所的資料，在 2015 年初，參照人未滿 30 歲的家戶平均資產淨額為 37,400 歐元，參照人在 60～69 歲之間的家戶則超過 340,000 歐元，年齡層更高的家戶則下降到 286,000 歐元左右。也就是說，資產額整體而言會隨著年齡而不斷累積，但累積會逐漸減少，至少有些資產是如此。

資產累積的條件通常與職涯事件、尤其是家庭事件有關（繼承或獲得贈與）。獲得這類財產移轉的家庭擁有相當高的資產額，半數獲得移轉的家庭擁有將近 250,000 歐元的資產，和沒有獲得移轉的家庭相比，高出將近 4 倍以上。

SOHO 族比薪水族更積極累積資產

除了年齡和所得因素以外，在受薪階級和獨立工作者（含勞動人口與退休人口）之間，資產累積的型態和儲蓄的誘因（投資、應變急需等）顯然也有所不同。

具體來說，參照人為非受僱者的家戶通

常擁有較高的資產總額，以 2015 年初為例，獨立工作者有將近 575,000 歐元，受薪階級則為 211,000 歐元。兩者落差的原因在於獨立工作者為了工作上必要的投資，通常相當重視儲蓄。此外，由於職業特性，獨立工作者比受僱者更容易面臨收入不穩定的狀況，一般來說退休金也比較有限，所以獨立工作者，尤其是開業的獨立工作者，更容易體認到儲蓄的必要。在受薪階級的家庭之間，和薪資所得的分布一樣，不同社會職業類別的資產不均現象也相當明顯，例如管理階層家庭的平均資產總額，是無特殊技術工人家庭的 4 倍之多。

資產不均減緩，貧富差距卻擴大

　　資料顯示，從 2010 年起，家戶資產平均值的差距縮小了，但極端值的差距擴大了。根據吉尼係數的計算，2010 年初～2015 年間，法國家戶資產不均的現象稍稍減緩，相對於 2010 年初的 0.66，2015 年的數值為 0.65。然而，這段期間內，資產額後 10% 的家戶與前 10% 的差距卻擴大了，大約增加了 1/3。還有一項重要資訊：後 10% 家戶的內部不均也擴大了，從 2010 年初的 0.52 提高到 2015 年的 0.68。●

自行開業的獨立工作者，比受薪階級更容易體認到儲蓄的必要，累積的資產總額達受薪階級的兩倍以上。

資產總額VS資產淨額
（2015年初的中位數）

73,100 €　63,900 €
20,000 €　15,600 €
233,600 €　212,600 €
236,200 €　145,900 €
112,400 €　92,600 €

獨立戶　單親家庭　已婚或民事結合家庭（無子女）　已婚或民事結合家庭（有子女）　其他情形

（資料來源：INSEE）

關鍵數字：
低端家庭的真實情況

800 歐元

800 歐元是第十分位的單親家庭擁有的資產淨額。第九十分位的單親家庭與獨立戶擁有的資產淨額分別是第十分位的 350 倍和 460 倍之多。

（資料來源：INSEE）

WEALTH & INEQUALITY

全球財富分配比一比，哪個國家最懸殊？

根據經濟合作暨發展組織的資料，雖然法國家戶資產不均十分嚴重，但還不是全球表現最差的國家。其實法國在世界先進國家中大約落在中間，其他諸如德國、奧地利、荷蘭的資產財富差距都更明顯，美國尤其嚴重。

西班牙 1.5

義大利 1.5

澳洲 1.6

比利時 1.6

英國 1.7

盧森堡 1.7

不均程度較低

均等分配

1

資產財富平均值

＝

資產財富中位數

右圖數值愈大，代表資產不均情形愈嚴重

財富分配全球不均

法國的資產財富平均值是中位數的 2 倍（在均等分配的情形下，兩者應該是等同的），西班牙、義大利的數值比法國好一些（1.5 倍），但是法國比美國又好上許多（美國超過 7 倍）。（編注：根據瑞士信貸 2018 年全球財富報告〔Credit Suisse Global Wealth Databook 2018〕，台灣每人資產財富平均值是中位數的 2.7 倍）

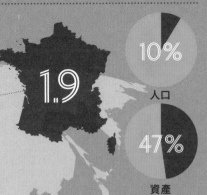

法國的資產分配狀況

1.9

10%
人口

47%
資產

2015 年，法國 47% 的資產
掌握在 10% 人手中。

美國的資產分配狀況

10%
人口

75%
資產

2015 年，美國 75% 的資產
掌握在 10% 人手中。

7.2

台灣的資產分配狀況

10%
人口

2.7

59.8%
資產

根據瑞士信貸 2018 年全球財富報告，
台灣 59.8% 的資產掌握在 10% 人手中。

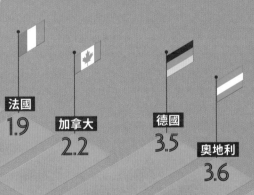

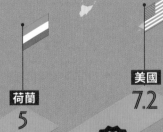

南韓
1.8

芬蘭
1.8

挪威
1.8

法國
1.9

加拿大
2.2

德國
3.5

奧地利
3.6

荷蘭
5

美國
7.2

不均程度愈高

（資料來源：OECD）

WEALTH & INEQUALITY

為什麼金融危機
沒有造成
法國房價下跌？

#政府控管房市供給
#融資條件寬鬆
#財政體質穩定

1999 ～ 2016 年間，法國家戶資產淨額平均每年成長 5%，較所得成長幅度高出許多。在此趨勢下，2016 年法國人的家戶資產淨額相當於年所得的 8 倍以上，相較之下 1990 年代末期的差距只有 5.4 倍。而在 2000 ～ 2006 年間，不動產價格就成長接近一倍，其中最大的原因在於法國人資產組成的主要項目──不動產的價值大幅躍升。

具體來說，法國舊屋（指屋齡 5 年以上或已轉手過一次的房屋）的價格在 2000 ～ 2006 年間成長了一倍以上，而且之後也沒有走下坡的跡象。其他歐盟國家如愛爾蘭、西班牙雖然在同一時期也出現房價飛升的現象，但兩國的發展卻與法國相反。那麼，該如何解釋法國房屋市場的特殊性呢？

2008 年金融危機發生前，法國房市沒有供給「爆量」的問題，所以也不會帶動房價的調降。

10 年之間，房屋交易暴增 20 萬筆

如同所有不受管制或管制寬鬆的市場，房產的價格是依房市的供需情形決定的。法國房價之所以在 2000 年代飛升，推力顯然是來自需求面，因為房屋需求從 21 世紀初期開始便大幅增加，由舊屋市場的交易量明顯上升可見一斑：1990 年代的年交易量僅有 60 萬筆，2000 年代的交易量卻達到每年 80 萬筆。

銀行放寬融資條件，消費、借貸能力提高

除了廣義的文化因素，例如法國人喜歡投資寶石與想要擁有自己的房子之外，還有幾個因素可以解釋為何法國人在 2000 年代如此熱中買房：

第一，人口正向成長，加上流行子女自成一戶，自然而然使得購屋需求增加。不過，這些現象在 1990 年代其實就已相當明顯了。

第二，家戶所得增加。一方面是在 2000 ～ ▶

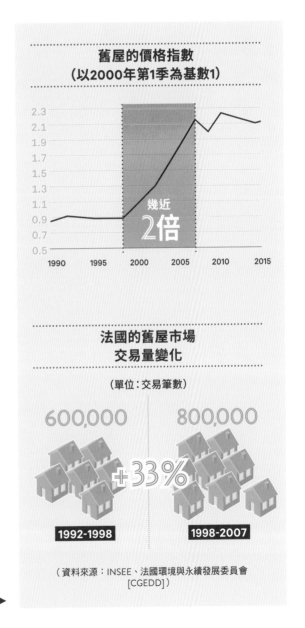

舊屋的價格指數
（以2000年第1季為基數1）

幾近 **2倍**

法國的舊屋市場
交易量變化

（單位：交易筆數）

600,000　　800,000
+33%
1992-1998　　1998-2007

（資料來源：INSEE、法國環境與永續發展委員會 [CGEDD]）

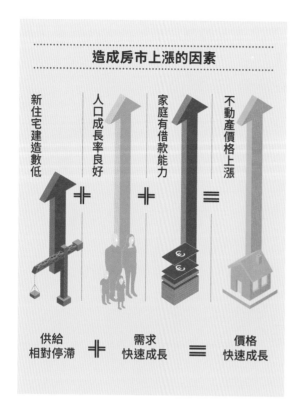

造成房市上漲的因素

新住宅建造數低
人口成長率良好
家庭有借款能力
不動產價格上漲

供給
相對停滯

需求
快速成長

價格
快速成長

政策管制，避免供給過剩，促使房價提升

雖然法國當時新建案如雨後春筍，但還是不足以應付急速上升的需求量。2000～2006年間，法國投資於建造房屋的金額增加了20%左右，相當於每年成長2.5%，不過這個數值包含對現有房屋改造重建的數額（約占總投資額的1/3）。

即使如此，由於都市計畫規範趨於嚴格，政府又嚴格管控土地轉為建地，使得土地成本提高，造成供給無法回應需求。可供買賣的房屋量因此受限，新房屋的建造成本也因此提高，連帶使房價提高。

此外，住宅供給的地理分布很不平均，導致有些全國房屋交易熱區拉警報（例如巴黎市及其外環市鎮）。

到後來，由於新成屋無法滿足市場需求，人們便轉向舊屋市場。總結來說，需求快速增加，供給則相對停滯，兩者明顯失衡，房價在2000年代大漲的原因就在於此。

2006年間，也就是2007～2008年的金融危機發生之前，法國的失業率下降且薪資上升。再者，法國信貸機構的放款上限通常是個人所得的1/3，當時薪資明顯上漲，所以個人的借貸能力提高。

第三，更重要的原因是融資條件大幅放寬，讓家戶擁有購買更昂貴商品的能力，並使眾多原本清償能力不足的家庭獲得還款能力。融資條件之所以放寬是基於兩個槓桿的轉向：一個是房貸利率下降（從平均6%降到1990年代末的4%），一個是平均貸款期限大幅延長（從13年延長到近19年）。因此法國家庭的借款能力在2000年代增加了將近一倍（包含人口效應的影響）。

財政體質穩定，不受金融危機影響

如何解釋法國市場在2000年代的房市熱潮過後，即使經歷了金融危機，卻依然如此熱絡？愛爾蘭和西班牙等國家在同一時期也經歷了房價居高不下的問題，但是與法國不同，這兩個國家的房價後來都走下坡。法國的現象主要基於以下兩個因素：

第一，在初期，法國並沒有出現蓋房熱

法國、西班牙、愛爾蘭三國房市比較

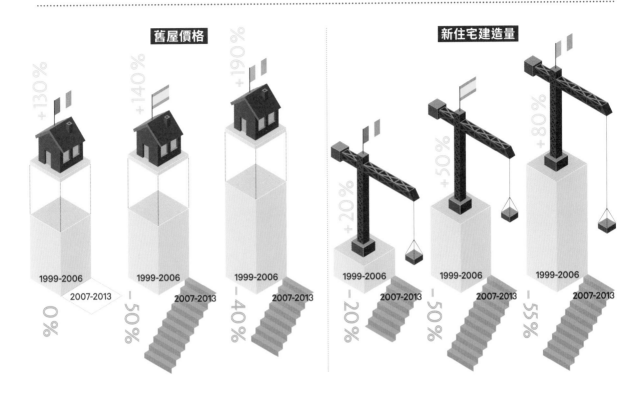

舊屋價格

+130%
+140%
+190%

1999-2006
2007-2013

0%
−50%
−40%

新住宅建造量

+20%
+50%
+80%

1999-2006
2007-2013

−20%
−50%
−55%

潮，所以沒有生產過剩的問題，西班牙和愛爾蘭的建造投資額卻迅速成長，成長率分別是法國的 2.5 倍與 4 倍之多。在 2008 年金融危機發生前，法國並沒有供給「爆量」的問題，所以也不會帶動房價的調降。

　　第二，2008 年和 2011 年發生金融風暴時，法國家庭的借款能力並未明顯萎縮，西班牙和愛爾蘭家庭則受到重創。這兩次風暴讓西班牙和愛爾蘭家庭的經濟壓力更沉重，因為失業率不斷上升、薪資減少，反觀法國失業率惡化的程度明顯較低，薪水只是漲幅減少而已。另一方面，2011 年的歐元區主權債務危機造成西班牙和愛爾蘭利率飆升，因

為社會對國家財政的穩定與否深感焦慮。相對地，法國的相關利率卻持續下降，因為財政政策令投資人感到放心。●

2008 年發生金融風暴時，法國的失業率惡化程度明顯較西班牙和愛爾蘭低，2011 年發生歐元區主權債務危機時，也未出現利率飆升的情況，因此房市沒有迅速走下坡。

第六章

金融投資入門課
FINANCE

CH.6

FINANCE

金融市場
融資圖

金融市場可以將需要融資的經濟行為參與者（企業、政府）和擁有儲蓄、想要創造利息的經濟行為參與者（家戶、企業、主權基金等）聯繫起來。

金融資產的用途

投入金融市場的儲蓄可成為企業和政府的融資來源。如果需要資金，經濟行為參與者可向銀行（如銀行信貸）或在金融市場上活動的經濟行為參與者（使用股票、債券等）尋求協助。

S= 股票

B= 債券

CP=
商業票據

自有資本

發行者

長期債務

短期債務

CB　銀行信貸

銀行信用貸款
無法從金融市場取得資金的經濟行為參與者，可向銀行申請信用貸款。

CB

股票VS債權憑證

需要融資的經濟行為參與者和擁有儲蓄的人之間的橋梁就是金融資產，也就是金融資產發行者和持有者之間的契約。金融資產通常可分為兩大類：股票與債權憑證。

Ⓢ 股票（STOCK）
是一種所有權憑證，代表持有公司的財產，亦即企業的自有資本。

Ⓒ 債權憑證（債券[BOND]、商業票據[COMMERCIAL PAPER]）
代表借給企業或國家的款項。

C= 債權憑證

市場

持有者

資金

ⅅ 股利（DIVIDEND）
企業分配給股東的利潤

不要小看1%投資報酬率！

每年 1%、2%、3% 的投資報酬率……差別看起來很小，但是日積月累之下產生的投資果實大不相同，所以尤其要注意投資期！

比較1,000歐元資本在不同投資期與平均報酬率下的結果

■ 本金　■ 5 年　■ 10 年　■ 15 年　■ 20 年　€ 歐元

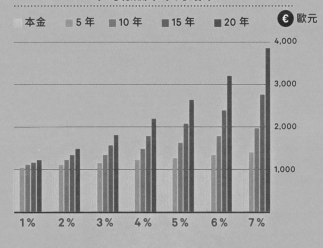

在不同投資報酬率下，需多少時間才能讓資本翻倍？

報酬率	時間
1%	70 年
2%	35 年
3%	23 年
4%	17 年
5%	14 年
6%	12 年
7%	10 年
8%	9 年
9%	8 年
10%	7 年

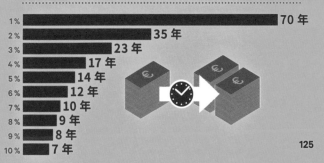

FINANCE

什麼是
「股票殖利率」？

股東將自己的資本投入企業，壯大企業的資本，並取得投票權，可以對企業的發展和管理表示意見。股東藉由股利獲得投資報酬，然而，要產生股利，企業必須先產生利潤，才能將部分利潤分給資本持有人（股東）。

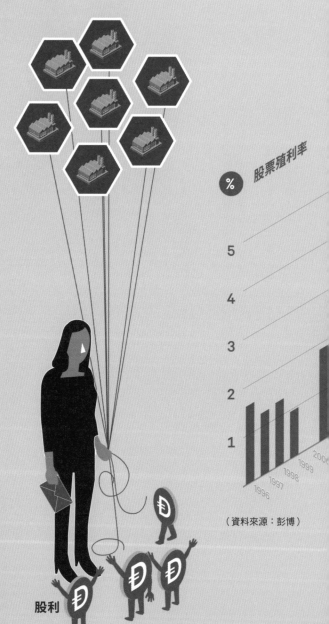

法國的股票殖利率變化

以法國 CAC 40 指數 * 的企業來說，殖利率（股利／每股價格）並非一成不變。20 年前的殖利率平均為 2.6%，從 2000 年代末期開始上升到 3% 以上，原因在於股價下降得比股利更多。

*編注：巴黎券商公會指數，即法國巴黎證券交易所市值前 40 大企業的股票報價指數。

% 股票殖利率

5

4

3

2

1

1996 1997 1998 1999 2000

（資料來源：彭博）

股利

生意好，獲利就多嗎？

生意熱絡的公司未必是賺錢的公司，製造成本和發展成本必須低於營業額，公司才能產生利潤。根據公司採取的利潤分配政策，股東可能較快或較慢才能獲利，這是因為利潤有下列三種用途：

❶ 留做公司準備金或拿來投資

❷ 分配給員工或國家（繳稅）

❸ 分配給股東

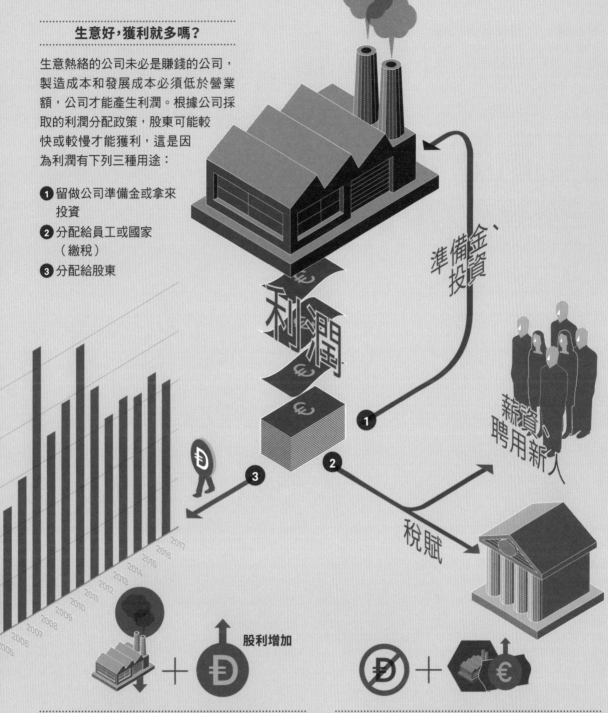

準備金、投資

利潤

薪資、聘用新人

稅賦

股利增加

有可能營收下降，但股利增加嗎？

一間公司也許會在營收變差的時候反而提高利潤分配率，好留住他的股東（各家公司為了吸引資金可是競爭激烈啊！），在這種狀況下，如果公司無法藉由降低製造成本來彌補減少的營收，就必須減少發出的薪水，甚至減少員工人數、動用存款或放棄投資，才能保持股利的水準。

股利為零，但股價上漲合理嗎？

股價反映了未來的股利，一間公司即使虧損（例如投資太多）、無法發放股利，股價還是有可能上漲。這是因為股東期待這筆投資將來可以大賺一筆，也就是未來的股利會很高！

FINANCE

預測股價漲跌的4大指標

預測股票市場的走勢，主要是根據以下四項因素：景氣循環、與目標產業或企業有關的個體經濟要素、投資人的信心與中央銀行釋出的流動性。

股票

央行信心喊話，拯救主權債務危機

2011 年，歐元區出現主權債務危機，使投資人失去信心，雖然每股預期盈餘不變，CAC 40 指數還是下跌了 17%。相反地，2012 年中歐洲央行宣布將盡其所能拯救歐元，讓投資人產生信心，因此即使當年每股預期盈餘下跌了 8%，2013 年下跌 9%，信心效應還是讓那兩年的 CAC 40 指數分別上漲了 15% 和 18%！

❷ 投資人的信心

買股票就是「買未來」，也就是說必須看得見未來、相信未來。金融市場的特色就是投資人會陷入樂觀情緒或悲觀情緒（有時觸發原因不明），在這種情形下，雖然對企業利潤走勢的預期沒有任何改變，股價卻會因此產生變化。

❶ 景氣循環

經濟成長率愈高，企業創造的附加價值也愈多，可以拿來分配給股東。也就是說，景氣波動和股市起伏呈正相關。

❸
與產業或企業有關的
個體經濟要素
產業的獲利率愈好、企業的策略愈好,未來
股利會提升的前景就愈好。基於預期心理,
股價本身也會因獲利可能性而提高。

❹
中央銀行釋出的流動性
投資人愈容易以低價(低利率)取得
貨幣,就愈可能購買金融資產,股價
也就愈可能提高。在 2015 年及 2016
年,由於各國央行增加釋出的貨幣,
CAC 40 指數分別上漲了 9% 和 5%,
比預期的利潤率還高(5% 及 3%)。

近20年利潤與股票指數變化

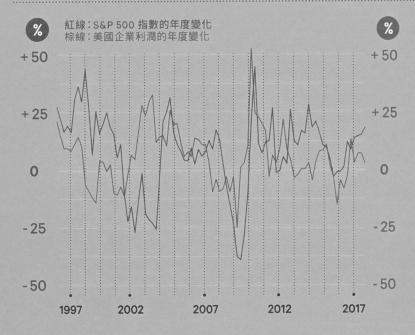

紅線:S&P 500 指數的年度變化
棕線:美國企業利潤的年度變化

企業的利潤和股價之間相關性
其實並不高,企業的獲利率和
企業價值之間並沒有明確且穩
定的對應關係。舉例來說,
2013 年的經濟成長率不高,但
投資人手中有大筆現金可以投
資,所以股價還是上漲了!

(資料來源:彭博及美國經濟分析局[BEA])

FINANCE

為什麼會出現
負的借款利率？

#貨幣供給超過需求
#Euribor #歐洲銀行同業拆款利率
#違約風險補貼
#信用風險補貼

%
%
%
Ⓜ
貨幣市場
Ⓐ
甲類儲蓄帳戶

「貨幣資產」的投資是一種短線投資，是讓手上的現金產生孳息的好方法。雖然投資期短，風險一般而言卻相當小，因此獲利也不高。什麼是貨幣資產？貨幣資產包括活期存款（在法國通常沒有利息）、定期存款（獲利依貨幣市場利率而定）還有法定儲蓄帳戶，這類儲蓄帳戶的獲利率是由國家參考貨幣市場利率與通貨膨脹率後決定的。

歐洲央行的基準利率與6個月貨幣市場利率

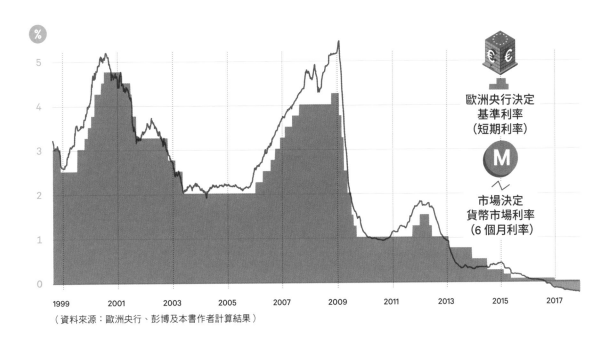

歐洲央行決定
基準利率
（短期利率）

市場決定
貨幣市場利率
（6 個月利率）

（資料來源：歐洲央行、彭博及本書作者計算結果）

誰決定貨幣市場的利率？

　　雖然貨幣市場利率和歐洲央行制定的基準利率幾乎是同步起伏，但貨幣市場利率並非由歐洲央行決定。歐洲央行只能決定各家銀行短期（一週）內的再融資利率，其他貨幣市場上的利率都是由交易者的供需消長決定的。

　　指標利率（以歐元為例，即是歐洲銀行同業拆款利率 [Euribor]）指的是銀行間來往的利率，即銀行之間互相借款的平均利率，借款期限可能從一週到一年。相關單位在決定指標利率時，會考慮對貨幣政策的預期心理。以 6 個月的利率為例，銀行可以選擇每週都向歐洲央行借款，或者直接從市場上借 ▶

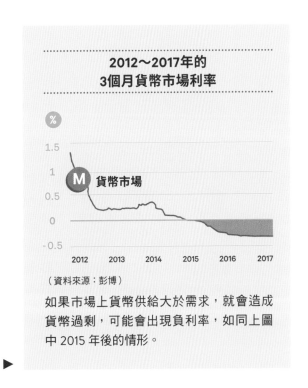

2012～2017年的 3個月貨幣市場利率

貨幣市場

（資料來源：彭博）

如果市場上貨幣供給大於需求，就會造成貨幣過剩，可能會出現負利率，如同上圖中 2015 年後的情形。

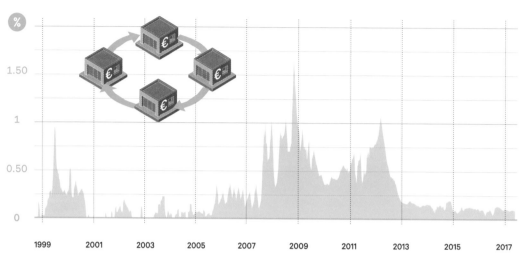

6個月歐洲銀行同業拆款利率
與歐洲中央銀行基準利率之間的差距（%）

（資料來源：彭博及作者計算結果）

政策利率和銀行間短期利率差別不大，除了金融危機期間（2008 年及 2012 年）之外，
因為此時銀行的違約風險升高。

款，所以 6 個月利率反映的不過是對未來 6 個月歐洲央行每週利率平均值的預期心理。

為何會有負的貨幣市場利率？

為了避免銀行出現流動性危機，衝擊經濟成長與就業市場，歐洲央行近來將大量貨幣注入市場，對銀行有求必應，而且利率幾近於零。結果造成在銀行間市場的貨幣量比需求量高，供過於求，以致貨幣價格下跌，3 個月的歐洲銀行同業拆款利率便降到比再融資利率還低。

利率最高可以升到多高？

法定儲蓄帳戶（例如甲類儲蓄帳戶）內的存款是受到國家保障的，報酬率則根據貨幣市場利率和通膨率決定。有些非法定儲蓄帳戶可提供更高的報酬率，端視想要爭取投資人囊中資本的企業或銀行有多急切。如果投資人對貨幣市場的不信任感提高，利率可能會提升到超過歐洲央行設定的利率，其中還包含了對違約風險（又稱信用風險）提供的補貼。近年發生金融危機時，這類補貼從過去常見的 0.07% 甚至提高到了 1.8%（2008 年）及 1%（2011 年底）。

近20年貨幣市場的實質利率（％）

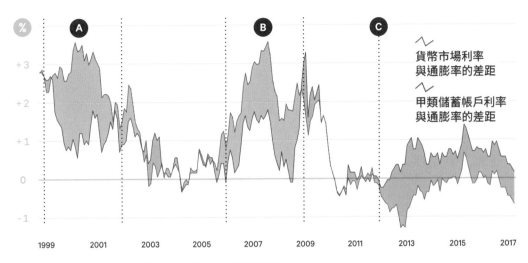

（資料來源：歐洲央行、彭博、INSEE及本書作者計算結果）

2012 年以後時間點（C）的發展與 1999 ～ 2002 年（A）及 2006 ～ 2009 年（B）不同，甲類儲蓄帳戶的實質報酬率明顯高於貨幣市場上其他同類產品。

利率低就真的無利可圖嗎？

　　法國政府 2017 年給甲類儲蓄帳戶的利率是 0.75%，是不是過低了呢？一般來說，可以與以下幾個因素比較：

　　1. 風險和限制比較：事實上，銀行存款保障隨時可領回，也就是沒有套牢的風險，如果利率 0.75% 且不用課稅，對投資人來說不失為一個好選擇。換作是 2017 年的金融市場，你得把一筆錢擺著不動 10 年，用來買法國政府債券；或是擺 20 年，如果你買的是德國公債，才能獲取相同的報酬（而且是要課稅的報酬）。

　　2. 和通貨膨脹率比較：如果利率是 3.5%，通膨率是 3.6%（2008 年的情形），報酬會

如果投資人對貨幣市場的不信任感提高，利率可能會提升到超過歐洲央行設定的利率，因為其中包含了對違約風險（又稱信用風險）提供的補貼。

比儲蓄帳戶利率 0.75%、通膨率 0.6% 來得差（2016 年 12 月的情形）。在 2008 年的例子裡，100 歐元的銀行存款經過一年後變成 103.5 歐元，但是同樣地商品和服務卻從 100 歐元漲到 103.6 歐元（亦即購買力減少 0.1 歐元）；在 2016 年的例子裡，購買力則不只是維持水準而已，還增加了 0.15 歐元（此處討論的是實質利率，亦即名目的利率減去通膨率）。●

FINANCE

比起股票，
買債券
有哪些優點？

#不會血本無歸
#票息固定
#殖利率隨市場波動

B= 債券

家庭的金融類儲蓄除了人壽保險外，大多會選擇債券。債券之所以獲得青睞，是因為具有低風險的特性。和股票不同，債券即使發行者破產，也不會變成沒有價值的廢紙。

持有這種資產，只要發行者依約支付，投資人都能清楚掌握票息（coupon）和贖回的面額。

債券價格的波動比股價溫和

% 與初始價格的比值

B= 債券　　**S= 股票**　　法國公債 (3% 法國中　　CAC 40 指數
期政府債券 [BTAN],
2011 年期滿)

125

100

75

50

2006　　2007　　2008　　2009　　2010

（資料來源：彭博、泛歐交易所[Euronext]）

獲利再怎麼低也不會血本無歸

　　債券的報酬（稱為「殖利率」）等同於約定的報酬（稱為「票息」）加上債券價格的差額（殖利率會隨市場變動，票息則為固定的）。債券價格會隨著金融市場的供需法則不斷變動，所以會有賠錢的風險。此外，如果公司出現支付困難，甚至嚴重到破產的程度，債券持有者也許會蒙受損失，但不會血本無歸，因為債券持有者至少在公司出售資產（機器、專利、房舍）時可以優先分配利益，然後才輪到股東。相較之下，股票價值可能會徹底歸零，債券卻很少出現這種狀況，例如 2012 年希臘政府無法清償債務，私人債權人最後同意政府以 50% 的價值回購債券。

相較之下，股票價值可能會徹底歸零，債券卻很少出現這種狀況。

拿多少錢、何時拿到都一清二楚

　　投資人喜歡債券的另一個原因，在於可以清楚知道票息會固定在何時支付、支付多少（股票的股利則會變動），期滿後的債券價值也很明確（股價則很難預測）；這就是債券與人壽保險的異曲同工之處（類似「歐元基金保單」，法國有一種人壽保險可以將保險金拿來投資以歐元計價的基金，稱為 fonds en euros 或 fonds）。而且，債券在購買時點和贖回時點之間的價格起伏並不重 ▶

2003～2017年希臘的信用評等 （資料來源：標準普爾公司[S&P]、彭博）

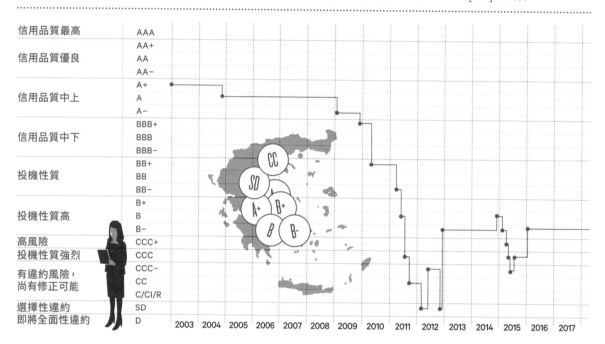

信用品質最高	AAA	
	AA+	
信用品質優良	AA	
	AA–	
信用品質中上	A+	
	A	
	A–	
信用品質中下	BBB+	
	BBB	
	BBB–	
投機性質	BB+	
	BB	
	BB–	
投機性質高	B+	
	B	
	B–	
高風險 投機性質強烈	CCC+	
	CCC	
有違約風險， 尚有修正可能	CCC–	
	CC	
	C/CI/R	
選擇性違約 即將全面性違約	SD	
	D	

2003　2004　2005　2006　2007　2008　2009　2010　2011　2012　2013　2014　2015　2016　2017

信用評等只衡量某個時點 t 的違約風險，在出現清償危機的 3 年前，希臘公債的評等還是「信用品質中上」。

法國公債
值不值得入手？

在投資人和信用評等機構眼中，法國公債是全球數一數二穩定的公債（AA級）。但穩定的另一面就是殖利率低，法國長期政府債券（OAT）的殖利率和穩定度公認更高的德國政府公債（AAA 級）相去不遠。平均來說，2017年法國 10 年公債的殖利率是 0.8%，德國公債為0.4%，義大利公債（A-級）則為 2.1%。

0.8 % AA

0.4 % AAA

2.1 % A−

法、德、義
近 10 年
% 主權債券殖利率

6

4

義大利

2

法國

德國

0

2010　2011　2012　2013　2014　2015　2016　2017

2006～2010年債券的價格與報酬率關係圖

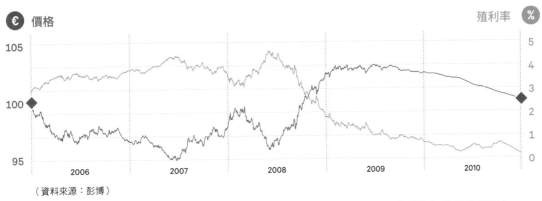

價格 €　　　　　　　　　　　　　　　　　　　　　　殖利率 %

（資料來源：彭博）

債券的發行價格是 100 歐元，贖回價格是 100 歐元，但在存續期間（即發行者借款期間），
債券的價格會與殖利率成反比。

要，因為持有者預期會持有到期滿為止。債
券十分方便，報酬事先就說得一清二楚，但
是投資人依然要面對發行者的違約風險。

信評機構也會出錯

要判斷發行者的違約風險，可以注意兩
項資訊：信用評等機構的評等，以及債券殖
利率和存續期間相同的貸款利率的比較結
果。高報酬率看起來誘人，卻會帶來違約風
險。不過信評機構和投資人都有可能出錯，
例如預料之外的經濟與金融危機、風險評估
機制失靈導致次貸危機爆發、政府帳目造假
如希臘、及安隆（Enron）造假帳與破產事
件等，因此分散資產配置仍然很重要。

信用評等只能衡量某個時點的違約風
險，評等結果會隨時間變化，希臘的例子就
是如此，2001 年，即出現部分違約狀況的

10 年前，希臘獲得的評等是 A+（比 2017 年
的義大利和西班牙更好）。

殖利率愈高，轉售風險愈高

如果單純持有債券直到期滿為止，投資
人的風險就只有違約風險。相對地，如果想
要在存續期間內轉售，同樣要面對殖利率提
高的風險。如果殖利率變高了，這些債券的
價格自然就會下跌。這很容易理解，如果其
他風險條件相同，同一個發行者考量市場環
境變化，發行了票息更高的債券，投資人為
了購買新的債券，就會把票息較低的舊債券
賣掉，這些舊債券的價格自然就會下跌。●

**擁有高報酬率的債券，看起來誘人，卻
會帶來違約風險。**

利率變動 可以預測嗎？

#預測指標1：未來通膨預期
#預測指標2：景氣狀況
#預測指標3：公共財政健全與否
#預測指標4：市場開放程度
#預測指標5：市場不確定性程度
#預測指標6：央行是否介入

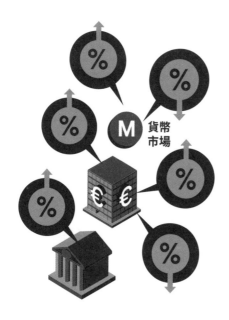

為了了解債券價格以及企業或家庭的貸款成本如何變化，接下來讓我們把目光轉向決定指標利率的各種因素。指標利率即法國現行各項利率的參考基準，包括 10 年期公債和法國長期政府債券（以下簡稱 OAT）的殖利率。

近20年長期利率與短期貨幣利率的共同趨勢

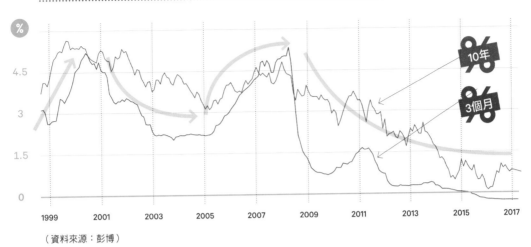

（資料來源：彭博）

短期利率與長期利率只有在大方向上是一致的，因為兩者受到不同條件的影響。

投資人對通貨膨脹率的預期

投資人在考慮應從借款人處獲得多少報酬時，會根據對通貨膨脹的預期決定報酬中應包含多少通膨補貼（稱為通膨溢酬，Inflation Premium），以求在期滿時獲得的報酬率至少要和通膨率一致。這樣一來，投資人的購買力才能獲得保障。

舉例來說，2016 年中的 10 年 OAT 殖利率為 0.2%，包含 1% 預期通膨溢酬；後來經過重新估算，未來 10 年的通膨率在 2017 年底上修到 1.5%（增加 0.5 個百分點）。因此從 2016 年中～2017 年底，10 年 OAT 殖利率由 0.2% 上升到 0.7%。如果通膨溢酬保持以 1% 為準，10 年 OAT 殖利率應會保持在 0.2% 左右。如此就能理解歐洲央行之所以要保持通膨溢酬不變，就是為了降低經濟體的融資成本。

經濟復甦會讓長期利率上升

歐盟的短期利率與歐洲央行制定的基準利率密切連動，而長期利率也會隨著短期利率變動，因為長期利率的基礎就是對未來短期利率的預期。

舉例來說，當經濟復甦時，長期利率會在歐洲央行基準利率提高之前就先上升，因為市場對貨幣政策有所期待。可見如果要找一個負債的最佳時機，想必就是經濟開始復甦的前夕了。

健全的公共財政能有效降低利率

一國的公共財政愈健全，違約風險就愈低，需要支付高額利息的機會也愈小。要記住，政府的再融資利率不過是一種利率，良 ▶

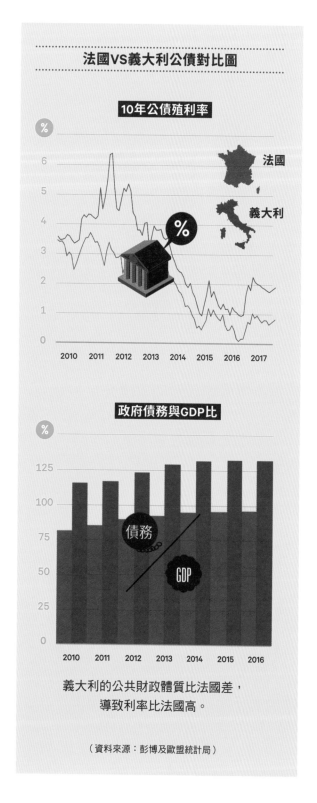

法國VS義大利公債對比圖

10年公債殖利率

法國
義大利

政府債務與GDP比

債務
GDP

義大利的公共財政體質比法國差，
導致利率比法國高。

（資料來源：彭博及歐盟統計局）

好的公共財政管理擁有更大的影響力，因為它會牽動全國上下各種利率。

舉例來說，義大利的利率比法國高，因為義大利的財政體質比法國差。

開放市場更容易受國際利率牽動

由於金融市場非常開放，歐元區的長期利率與其他地區採行的利率皆有密切關聯，尤其是美國。美國的利率則受到國內的各種經濟因素影響，像是預期通膨率、公共財政狀況、短期利率等。自1990年代以來，法國長期利率主要受到美國利率的影響（彈性接近1），美國長期利率的波動通常都會連帶使法國的長期利率出現同樣程度的變化。

不確定性升高，可能讓長期利率下降

當投資人感受到不確定性（地緣政治風險、單純失去投資能見度），便會設法將有風險的資產脫手，傾向持有數額記載得清清楚楚的公債，也就是風險很低的資產。這種不確定性會讓債券的需求增加，連帶使債券價格提高，長期利率便會下降。但如果發生了影響經濟成長（使企業受創）的意外事件，造成市場動盪，與風險有關的補貼可能會增加，導致公司債券的殖利率無法下降（價格也無法上漲），國內的信貸利率也無法下降。

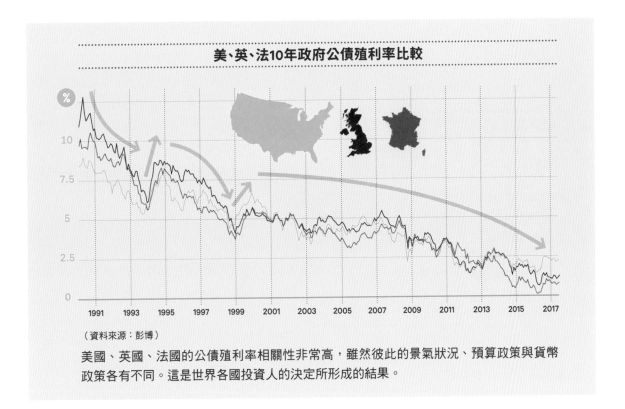

美、英、法10年政府公債殖利率比較

（資料來源：彭博）

美國、英國、法國的公債殖利率相關性非常高，雖然彼此的景氣狀況、預算政策與貨幣政策各有不同。這是世界各國投資人的決定所形成的結果。

央行大規模購買債券，
會降低長期利率

　　次貸風暴（2007～2009年）和歐元區主權債務危機（2010～2012年）的衝擊之大，使得各國央行不得不採取特殊措施，歐洲央行也是如此。為了重振經濟，必須讓長期利率愈低愈好，於是各國央行針對長期債權憑證（即債券憑證）展開大規模購買計畫，希望有助降低利率。例如從2015～2017年，歐洲央行便購買了將近2兆歐元的債券。這項政策帶動需求成長，超越供給量，使得債券價格上升，報酬率因此減少，長期利率也下降，企業或家庭需要承受的貸款利率便隨著長期指標利率的走勢而放寬了。

成本趨近於零的融資，
真有這種好事？

　　2016年法國出現了一個特殊現象：10年OAT殖利率在7月初跌到0.1%。為什麼國家可以得到10年期融資，成本卻幾近於零？為什麼投資人的報酬率那麼低？

　　其中包含許多因素，以歐盟短期利率為例，2016年當時的基準利率為0%，市場也期待基準利率會下降（6月底英國脫歐公投結果的影響），不僅投資人的避險需求非常高（誰知道英國脫歐之後會發生什麼事？），通膨率也很低——所以通膨補貼也很低。再加上歐洲央行每月購入800億歐元債券，大部分都是各國公債。●

FINANCE

金融市場
沒有所謂的
「好價格」？

#市場共識
#成交價格就是好價格

在市場上，金融資產的價格經常變動。股票的價格，也就是股市的成交價，每天都上上下下。企業利潤的多寡也許可以解釋股價的波動，但並非唯一的因素，成交價更取決於投資人的行為：投資人手上的資金多還是少？他們的預期是樂觀，還是悲觀？

為何金融資產的價格不斷變動？

價格浮動有兩個原因：金融資產的供需產生落差，以及投資人對報酬率或企業財務體質的預期產生變化。

1. 市場需求暴增，未必與公司體質有關

如果在某個時點金融資產的需求量高於供給量，股價就會上升，公司的貸款成本就會下降，這與公司的體質未必有關。舉例來說，如果投資人出於單純的樂觀心理，決定承擔更多風險，上述情形便有可能發生，市場上會突然出現很多買家，股價也會上揚。換言之，有更多投資人競相願意借錢給這家公司，公司的債務成本也會減少。

2. 比起現在，投資人更重視未來

股票或債券的價格與企業過去的營運表現無關，主要是和未來的表現有關。假設有一支股票的價格是 100 歐元，預期股利是 3 歐元，而未來是指一年後。再假設企業宣布拿到了一筆大訂單，可望使企業利潤在這一年內增加一倍。如此一來：

• 投資人會期待（也可能不會）企業發放的股利也加倍。原本的初始報酬率為 3%（3 歐元／ 100 歐元），而新的股價可望攀升到 200 歐元（報酬率還是和投資人原本要求的一樣：6 歐元／ 200 歐元＝ 3%）。

• 假設一年的債券殖利率是 1.5%，比無風險利率高出 1%，當經濟行為參與者看到條件這麼好的金融商品，會認為這間公司破

20%

這是股價每年平均的波動幅度

> **股票或債券的價格與企業過去的營運表現無關，主要是和未來的表現有關。**

產的機率應該不高，一旦違約風險降低，投資人要求的利率就會接近零風險資產的 0.5%。

也就是說，投資人每一分鐘都盯著某個國家、某個產業或某家公司的情勢，想要對未來的股利和贖回能力做出最佳預測。金融市場投資人預測的內容經常改變，因此股價和殖利率也經常波動。此外，每個經濟行為參與者心中的預期和貨幣需求（購買和出售條件）都不同，所以金融市場每一分鐘都會有賣家和買家出現。假設在一個極端的情境裡，所有人的預期都是一致的，那麼所有投資人要求的價格就會一樣，也不會再改變。

如何判斷自己買到了「好價格」？

在假設情境中，買家和賣家手中的資訊是相同的，精打細算的程度也相同，只是對 ▶

金融海嘯前10年，美國股市的高點分析 （1997～2007年）

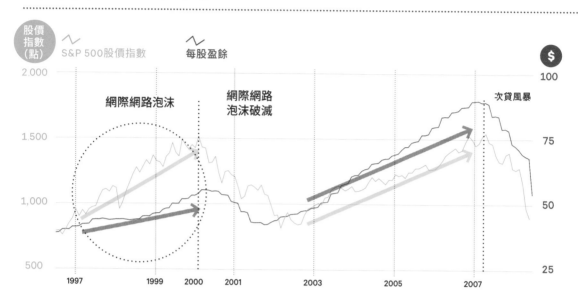

（資料來源：彭博）

1990 年代末期的股價上揚廣稱為「網際網路泡沫」，當時股價之所以上漲並非反映實際的利潤，而是由於網路新時代的興起，使投資人對極長期的利潤抱有期待。1997～2000 年 3 月間，這類型股票價格上漲了91%，每股盈餘卻只有增加34%。由於期待未能實現，股民感到失望，股價因此明顯下修。

2000 年代中期的股市紅盤還未被稱做「泡沫」，因為股價的漲幅和利潤是一致的（2003～2007 年間股價漲幅 78%，每股盈餘漲幅 94%）。這波股價下跌的原因並不是非理性投資的修正，而是稱為「次貸風暴」的經濟與金融危機所致，因此未必會先出現泡沫，股價才下跌。

未來的預測不同。在供需法則下產生的價格，反映了某個特定時點的市場共識。按照這個邏輯，實際成交的價格就是「好價格」。隨著人們的預期改變，這個價格就會改變，換句話說，這個「好價格」很快就不算好了！

成交價格就是最佳價格

每個人的預測方式都是獨特的，每個人對自己想法的堅定度也不同，預測成功的經驗往往比實際上看起來的多（選擇性記憶）。市場上的實際價格反映的就是所有投資人在某個時點 t，根據可取得的資訊做出的預測。如果時點 t 的價格停在某個水準，代表這個水準就是賣家願意出售的下限（他

市場上的實際價格反映的是所有投資人在某個時點 t，根據可取得的資訊做出的預測。

們覺得已經不算太貴），也是買家願意購買的上限（他們覺得已經不算太便宜）。由此可知，如果不只一個人，而是「全世界」都認為價格應該漲一成，所有經濟行為參與者的期望就會立刻反映在價格上。所以對未來價格最佳的預測就是目前的價格，除非您的預期和市場不同！

「泡沫」都是事後才看得最清楚

　　股價是把未來股利折算成現值後的總和。折現可以幫助我們比較未來的收入和依照利率或通膨率算出的現值。以 1990 年代末期網際網路產業水漲船高的狀況為例，雖然當時很多公司還在虧損狀態，但身價已經開始上漲，因為投資人指望將來的盈餘會大增，分配的股利當然也會大增。然而當希望落空，股價就在 2000 ～ 2001 年間開始滑落。像這類情形，股價的修正往往出現在市場失望的高點，很可能會造成股市崩盤，也就是要到「泡沫」破滅的時候才會知道股價高漲其實是一場投機「泡沫」。當然我們也可以說，永遠要到事後才看得最清楚……●

FINANCE

投資股票，
要怎麼選才能
有效對抗金融危機？

#3種必懂的選股策略
#選擇 景氣循環敏感度不同 的股票
#選擇 對市場有不同反應 的股票
#選擇 發展成熟程度不同 的股票

要追求獲利就必須承擔風險。為了判斷自己可承受的風險程度，投資人必須了解自己是否喜歡冒險，以及將來希望把投入的資金用於何處。

分散投資的三大守則

資產管理的第一道守則，就是要分散投資，專家建議把握以下幾項原則：

守則1：選擇不同的資產類型，降低景氣循環的影響

投資人要選擇景氣循環敏感度不同的金融資產（股票、債券、貨幣資產），這樣可以減輕資產波動，甚至可以利用風險較大的時期進行操作。專業資產管理人之所以可以快速在資產組合內調整資金分配，在不同的資產類型或產業部門之間轉換，主要是得益於經濟研究員的支援，可以即時分析經濟與金融環境的整體情勢，包括資產組合裡每家公司的個別風險評估。

守則2：多元的股票資產配置

專業證券管理人會盡量讓資產組合擁有多元的產業類型與地理分布，並選擇以下幾種類型的公司：

• **景氣循環敏感度不同的公司**（所謂「景氣循環股」與「非景氣循環股」）

• **對市場有不同反應的公司**（「積極型」股票在股市高點的表現很好，但「保守型」股票在低點時損失比較輕微）

• **發展成熟程度不同的公司**（產品與市場很成熟的企業可提供很高的股利，但股價上漲的機會不高，正在快速成長的企業則不同，市場與產品都還有改變的潛力）

根據投資期的不同和投資人自身對風險 ▶

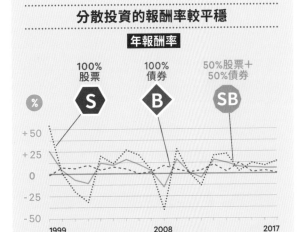

分散投資的報酬率較平穩

年報酬率

100% 股票 **S**　　100% 債券 **B**　　50%股票＋50%債券 **SB**

分散投資股票與債券可避免資產組合貶值，但代價是要放棄漂亮的績效。當股市低迷（經濟放緩、金融危機）時，債券的價值會提高（因為利率下降），這麼一來，資產組合中「債券區」的分量就能多少彌補「股票區」的縮水。

分散投資不同產業部門的優點

不同產業股票每年的價格波動（1999～2017年）

	銀行股	新興科技股	食品股	多種產業組合
平均報酬率	1%	8%	7%	3%
標準差（風險）	25%	40%	15%	21%
最大報酬率	47%	135%	31%	47%
最小報酬率	-64%	-57%	-30%	-44%

投資不同產業可以平均分攤整體風險（包括金融市場情勢、景氣循環）和個別風險（科技變遷）。這種做法的報酬率比較低（平均報酬率和最大報酬率都比較低），但是風險也比較小（這段期間的年標準差與最小報酬率都比較好）。

（資料來源：彭博、本書作者的計算結果）

的偏好，資產組合的風險高低與典型程度會有所差異。

守則 3：投資股票以長期為最，有效對抗金融危機

投資股票最好做長期投資。以 10 年投資期為例，來比較投資報酬率。假設在 25 年間，每年底都在某個股市指數中進行一筆 10 年期投資，且每年股利皆重新投入，則可得到 16 筆投資績效，時間最早為 2001 年（投資年分為 1991 年），最晚為 2016 年（投資年分為 2006）。

這段時間中有三段股市特別緊縮的時期：網際網路泡沫破滅（2000 年 9 月～2003 年 3 月跌了 65%）、次貸風暴（2007 年 6 月～2009 年 3 月跌了 60%，為 1929 年後最嚴重的金融危機）以及歐元區的主權債務危機（2011 年 2 月～9 月間跌了 33%）。儘管如此，還是可以觀察到以下現象：

• 平均 10 年報酬率為 90%。

• 報酬率中位數為 72%，而報酬率比中位數高的機率為 50%，比中位數低的機率為 50%。

• 在這 16 筆投資績效中，13 筆是正績效，3 筆是負績效（分別為 -11%、-12%、-4%，都是在網路泡沫期間進行的投資）。

• 如果和同一時期的消費物價指數比較，10 年平均報酬率比消費者物價指數高了 73%，而 16 筆投資績效中，有 12 筆高於通膨率，4 筆則較低。

當然了，過去的報酬率並不能保障將來的報酬率。

我適合投資哪一種金融資產？

你是喜歡延遲享受的類型嗎？

儲蓄就是放棄立即消費，把錢節省下來。儲蓄者放棄的是現在的享受，因為這筆存款將來會為他帶來更多收益，讓他未來可以享受更多，所以他願意儲蓄。由此可知，投資人的時間偏好不同，所要求的報酬率也會有所差異。

要選擇會依通貨膨脹，調整報酬率的資產嗎？

由於儲蓄的目的是想增進未來的生活品質，投資人會設法讓投資報酬率至少和物價的漲幅一致，這樣才能維持購買力。因此根據投資人對商品和服務價格的預期，對報酬率的高低也會有不同的要求。只要是投資期間內不依物價上漲調整報酬率的資產項目，通貨膨脹都是必然存在的風險（這就是法國政府長期通膨指數債券〔OATi〕的特殊之處，名稱中的「i」代表依通膨指數調整，菸品除外）。

資產的「流動性」夠不夠，容不容易轉手？

如果投資人知道自己可以隨時把手中的憑證賣掉，把金額存入銀行帳戶，對於報酬率的要求就會比較低，因為他不需要承受等待的風險或是大幅降價尋求買主的風險。基於這個因素，上市金融資產比非金融性資產

金融資產的報酬率與風險排行榜

（資料來源：本書作者計算結果）

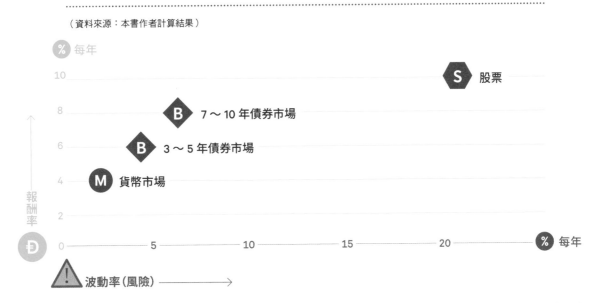

由於金融商品有虧損的風險，所以會提供比無風險利率更高的報酬率。股票比債券風險更高，但是報酬率通常也更高。

（如不動產）更容易「流動」，因為投資人隨時可以找到買家，把手中的憑證轉讓出去，不需要跳樓大拍賣。

你的風險承受度高還低？

如果在投資期間可能會發生資產價格下跌、甚至血本無歸的危險，投資人就會要求更高的報酬率。

放在銀行的存款（不論是現金流通帳戶、定存帳戶等）風險為零或幾近於零，這是因為銀行如果破產，10 萬歐元以下的存款都有存款保險的保障；法定儲蓄帳戶的存款則會由國家全額保障。

債券的風險比存款稍高了一點。到期日

（贖回期限）愈長且違約風險（無法贖回的風險）愈高，債券的風險就愈大。股票市場的風險更高，因為一旦企業破產，股票就可能變成廢紙一張。這種資產貶值的風險可以透過波動率（volatility）的概念來理解，假設一項金融憑證的價格波動率愈大，價格的振盪幅度也愈大，貶值的風險就愈高。

在金融市場上，如果投資人無法承受上述風險，就不能獲得比無風險利率更高的報酬（亦即比貨幣市場利率更高）。金融商品的報酬反映出各種風險，在與風險對弈的棋盤上，投資人要學會了解自己對風險的承受度。還有一個很大的不確定性因素：過去的風險樣態不能保證未來的風險樣態。●

FINANCE

為什麼
美國失業問題
會影響
法國房市？

凡是與法國利率水準有關的評估報告，一定會分析歐盟以外國家的經濟與金融情勢。過去數十年來的統計數據顯示，比起內部因素（如歐洲央行的基準利率、法國通膨率、經濟成長率、公共財政狀況），國際因素對法國的長期利率具有更大的影響力。

美國失業率下降

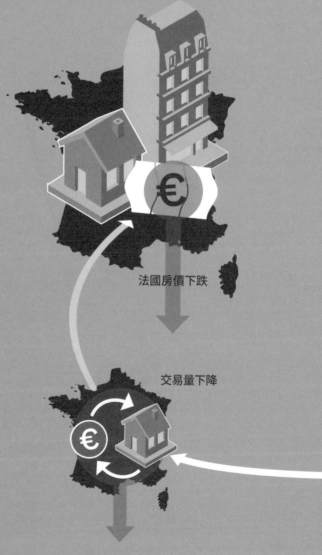

法國房價下跌

交易量下降

美國失業問題如何影響法國房市？

法國房市很容易受到貸款成本的影響，而貸款成本又受到法國政府融資利率的影響。投資人要購買法國公債，當然會考量國內因素來決定需要的報酬率，但同時也會考量外部因素。因為法國公債向世界各地的投資人融資，所以在國際資本市場上要和其他主權債券「競爭」。如果全球殖利率攀升，法國公債殖利率也必須隨之提高，才能繼續吸引融資者。例如影響法國長期利率最有力的因素之一就是美國現行長期利率，而這項利率主要取決於美國聯準會（美國的央行）制定的基準利率。美國聯準會的決策是依據自身設定的目標，像是保持 2% 通膨率以及勞動市場均衡。總結來說，美國失業率如果下降，聯準會就會提高基準利率，連帶使美國長期利率提高，並間接使法國的公債殖利率、房貸成本一併提高。

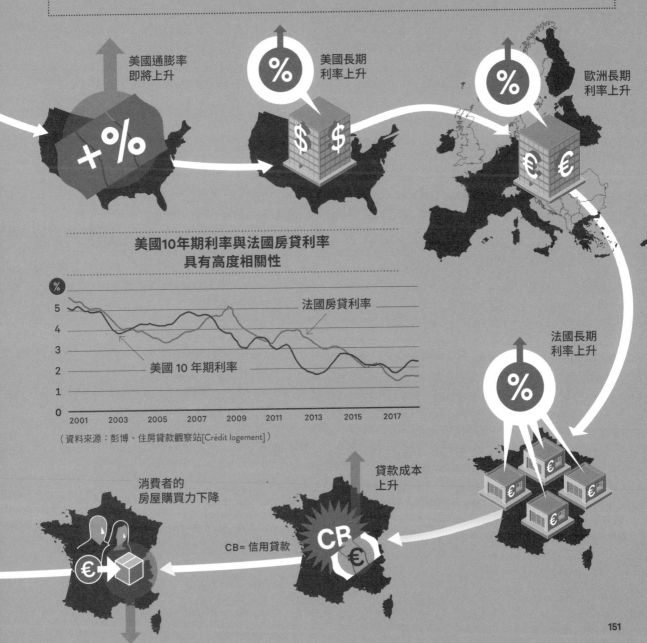

美國通膨率即將上升

美國長期利率上升

歐洲長期利率上升

美國10年期利率與法國房貸利率具有高度相關性

法國房貸利率

美國 10 年期利率

（資料來源：彭博、住房貸款觀察站[Crédit logement]）

法國長期利率上升

貸款成本上升

消費者的房屋購買力下降

CB= 信用貸款

FINANCE

誰決定
貨幣的價值？

市場至上！就和商品與服務的市價或金
融資產的交易價一樣，歐元的價值也不
是政府決定的，而是透過外匯市場的自
由交易，由供需法則決定的。

央行可否介入匯兌市場？

　　歐盟條約第 219 條規定，經
濟及財政理事會（ECOFIN）
——與會者為各成員國的財政部
長——可以參考歐洲央行的建
議，制定匯率政策的基本方針。

　　歐洲央行並不負責匯率業
務，但是為了執行它最重要的任
務，也就是控制通貨膨脹，歐洲
央行也可以透過買賣歐元直接介
入匯兌市場。2000 年與 2001 年
歐元大幅貶值，造成進口價格上
漲，威脅歐元區物價穩定，當時
歐洲央行便買進了歐元、賣出其
他貨幣。

　　各大央行為了維護全球金融
系統的穩定，都不希望發生匯率
戰。為了不要破壞這樣的合作關
係，歐洲央行會以調整利率和流
通貨幣量等手段間接左右歐元的
市價，其他大型央行對本國貨幣
也會採取相同的做法。

美金／1歐元的歷史匯率
走勢圖

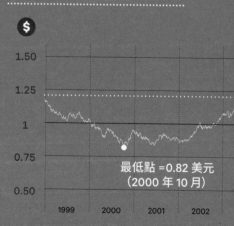

最低點 =0.82 美元
（2000 年 10 月）

1999　　2000　　2001　　2002

央行如何介入匯率市場？

　　各央行介入匯率市場的方法包括利用本身的準備金、增加貨幣發行量（對國民來說不致代價太高，因為發行貨幣原本就是央行的權限），甚至只要說幾句話（基於公信力，央行只要宣布可能介入市場，就會左右投資人的行為，對貨幣產生影響）。不過，上述做法的效果好壞參半。

成為強勢貨幣有什麼好處？

　　強勢貨幣可以成為國際通用貨幣，依照程度差異，可以作為商品與資產的定價指標（計價基準功能），也可作為記帳貨幣或是準備金的基礎。一般來說，美金比歐元強勢，但歐元還很年輕（僅18歲），將來還有機會和美元競逐地位。成為國際貨幣之後，貨幣需求就會大增，國庫的虧損很容易填補，這也是美國現在擁有的優勢！

如何預測匯率波動？

　　預測匯率必須建立在一些關鍵因素上，例如貿易流量、各項貨幣政策、信心水準等。就像任何一種金融資產，貨幣的價格也是時點 t 所有可取得的資訊的綜合結果，所以目前的市價就是最好的短期預測。當然，除非你的預期和市場不同，舉例來說，假設你預測會發生市價未考慮在內的風險，像是投資人對某個國家失去信心，你就會認為應該出售該國貨幣（在英國舉行脫歐公投之前賣掉英鎊顯得很合理，因為投票結果出乎預料，英鎊在脫歐選項勝出後大幅貶值）。

什麼是強勢貨幣？

　　每個大型央行都希望塑造「強勢」貨幣。強勢並不是指貨幣的價格高或很昂貴，而是指貨幣的穩定度很高，不需要藉由高利率或外力介入來保護。雖然歐元的歷史不長，卻符合這些條件，所以歐元可以算是一種強勢貨幣。

如何界定「恰當的」匯率？

　　要確定一個貨幣價值被「高估」還是「低估」並不容易，因為光是經濟理論上對「均衡匯率」的定義就有好幾種（有的主張均衡匯率是指讓兩國之間購買力相等的匯率，有的則主張均衡匯率是指符合國內金融均衡水準的匯率），而且均衡匯率還會隨時間改變。

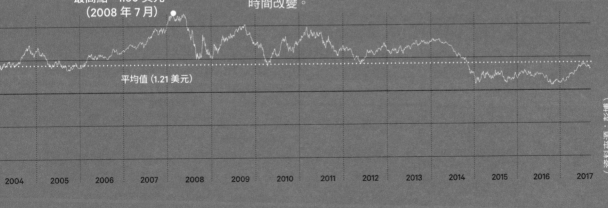

最高點 =1.60 美元
（2008 年 7 月）

平均值（1.21 美元）

（資料來源：彭博）

2004　2005　2006　2007　2008　2009　2010　2011　2012　2013　2014　2015　2016　2017

FINANCE

歐盟為什麼
要制定單一貨幣？

#單一貨幣有哪些優點？
#降低交易成本
#制衡美元霸權
#避免貨幣競貶之戰
#創造出優良融資條件

如果匯率的變動有利可圖，為什麼歐洲幾個國家要統一使用歐元，讓匯率固定下來呢？從經濟的角度，歐元誕生是因為當年歐洲貨幣秩序混亂、出現非合作賽局（例如造成貨幣貶值），對經濟成長和就業市場造成傷害。

義大利里拉VS德國馬克的貨幣競貶戰爭

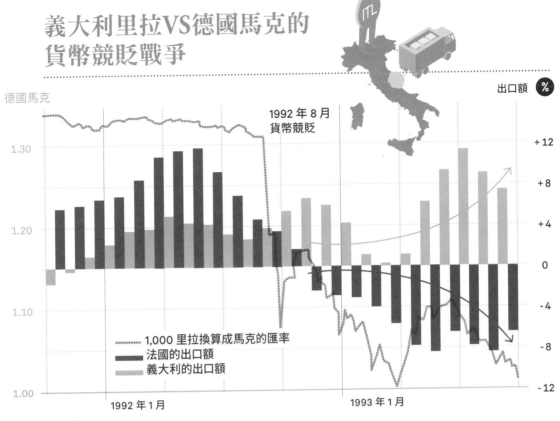

德國馬克

1992 年 8 月
貨幣競貶

出口額 %

- 1.30
- 1.20
- 1.10
- 1.00

+ 12
+ 8
+ 4
0
- 4
- 8
- 12

1992 年 1 月　　　　　　　　　1993 年 1 月

· · · · · · 1,000 里拉換算成馬克的匯率
▉ 法國的出口額
▉ 義大利的出口額

（資料來源：IMF）

1992 年，義大利里拉對德國馬克大幅貶值，馬克當時為歐洲的基準貨幣。貨幣競貶讓義大利產品的價格下跌，因為定價變便宜了，花較少的馬克就能買到同樣地義大利產品。義大利的出口額因而提高，其他競爭出口國則蒙受損失，法國就是其中之一。

小則降低交易成本，
大則制衡美元霸權

在歐洲貨幣秩序混亂這樣的背景下，讓匯率固定下來有哪些好處？建立匯率平價，選擇單一貨幣，有以下幾項好處：

第一，消弭貨幣轉換造成的交易成本，讓人們更容易比較價格，進而保障較佳的購買力。

第二，債券能以更穩定的貨幣計價，因而獲得更低的殖利率，有助於經濟成長。

第三，創造大型的資本市場。歐元是一種新興基準貨幣，將來有機會成為制衡美元霸權的力量。

免於貨幣競貶之戰，保護經濟成長

在次貸風暴（2007 ～ 2009 年）或歐元區主權債務危機（2010 ～ 2012 年）期間，歐元區的固定匯率讓經濟艱困的國家之間不致陷入貨幣競貶之戰。歐元區南部的國家因 ▶

為過去毫無節制而大難臨頭（不動產泡沫、失敗的預算管控），但如今他們的貨幣可以免於貶值之災。因為他們只能操作國內變數（就業、薪資、預算緊縮）自我調節，無法透過貶值的方式將自身的困難轉嫁給外國，犧牲其他國家的利益。對法國而言，如果沒有歐元的保護，經濟危機將會更加嚴重，包括利率提高、失業率提高、預算緊縮等。

單一貨幣創造出更好的融資條件

由歐元區成員國組成的資本市場規模相當大，因此企業發行公司債時可以不必使用國際投資人要求的貨幣，如美元。

此外，歐元出現之後，以歐元交易的民間借貸市場興起，讓企業更容易在金融市場上取得資金。但是這個市場也有許多缺點，對中小型企業而言尤其如此，不過依然可以提供銀行信貸以外的融資管道。在 1999 年（也就是歐元用於金融交易之前），非銀行債務僅占非金融企業債務的 25%，到了 2015年，這個比率已經上升到 45%。

另一方面，以歐元計價的債權憑證大受歡迎。以法國公債為例，2016 年境外投入的資金比 2000 年時更高（60% 對 28%）。歐盟執委會（European Commission）更推動成立了「資本市場聯盟」（Capital Markets Union），試圖加速儲蓄資本在歐元區內的流動，為經濟發展提供更多資金。

> 歐元出現之後，歐元區企業發行公司債時就不必使用國際投資人要求的貨幣（如美元），因此帶動以歐元交易的民間借貸市場興起。

歐元區尚「不完美」，需要有效的調節機制

根據經濟學家羅伯特・孟岱爾（Robert Mundell）提出的最適貨幣區理論，兩個經濟區如果處於同一個景氣循環位置，便適合建立單一貨幣。不過這種同步性很罕見，美國各州甚至法國各大區之間的經濟特性都不相同（產業強項不同、地理特性也不同）。在貨幣聯盟裡，由於匯率不能變動，就需要有其他替代的調節機制。

第一項調節機制：勞工的流動性

根據孟岱爾的理論，如果有一個區域經濟成長疲軟，當地的失業者就會移動到另一個正好相反、經濟突飛猛進的區域，使得第一個區域的失業率下降，而第二個區域則能夠穩定成長。雖然勞工的流動性事實上不高，但若是推到極致，流動的結果可能會讓人力資本集中到某個單一區域，而外圍區域的經濟一定會萎縮。

第二項調節機制：互助合作

孟岱爾的理論還提出另一個調節機制：在貨幣聯盟的成員之間建立互助合作的機制

歐元的優點：改善融資條件、消除匯率風險

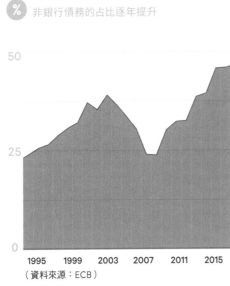

% 非銀行債務的占比逐年提升

50

25

0

1995　1999　2003　2007　2011　2015
（資料來源：ECB）

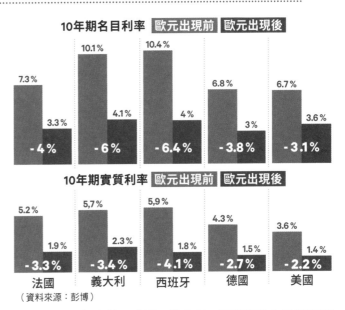

10年期名目利率 ▊歐元出現前 ▊歐元出現後

7.3% / 3.3% **-4%**
10.1% / 4.1% **-6%**
10.4% / 4% **-6.4%**
6.8% / 3% **-3.8%**
6.7% / 3.6% **-3.1%**

10年期實質利率 ▊歐元出現前 ▊歐元出現後

5.2% / 1.9% **-3.3%**
5,7% / 2.3% **-3.4%**
5,9% / 1.8% **-4.1%**
4.3% / 1.5% **-2.7%**
3.6% / 1.4% **-2.2%**

法國　　義大利　　西班牙　　德國　　美國
（資料來源：彭博）

由於歐元資本市場興起，企業可以在市場上找到更多資金。融資條件改善更有利於企業營運、經濟成長與就業市場。

進入歐元時代之後，法國、義大利、西班牙的名目利率和實質利率都下降得比德國和美國多，這代表企業的融資成本減少了。這就是實施單一貨幣帶來的好處，匯率風險消失更是一大優點。

（美國、法國等國內存在顯著區域差異的國家皆有這類機制）。經濟強勢的國家如果把所得轉移給另一個國家，可以幫助經濟較弱的國家解決社會安全支出增加的問題，或是讓預算有放寬的空間，因此充足的聯邦預算和互助合作機制是必要的。

歐元區建立之後，一直被認為是一個「不完整」的貨幣區，因為還沒有建立有效的調節機制。但歐元區沒有朝向規劃一套聯邦預算或國家間的互助合作機制發展，而是試圖透過經濟政策讓各經濟區更趨於一致；這就是制定共同政策的目的（例如建立歐洲區域發展基金 [ERDF]）。2015 年以來，又稱「容克計畫」（Juncker Plan）的歐盟投資計畫設法使民間儲蓄資本釋出，並強迫這些

資本在國際間流動，希望能達成發展基礎建設的目標。

發生金融危機、可能會造成骨牌效應之際，是最適合發揮金融市場互助力的時候，葡萄牙、愛爾蘭和希臘都曾在身陷主權債務危機時獲得援助，雖然是有條件的援助。因此自從 2010 年代初期成立「歐洲穩定機制」（ESM）之後，在國際金融市場上遇到融資困難的成員國就可以透過這筆基金獲得援助。

歐元區還是很年輕的貨幣區，我們希望設立了歐盟財政部長後有助於建立更理想的經濟秩序，也希望歐盟的預算能夠更充足，建立更多成員國之間的互助機制，這些都是歐元區致力推動的目標。●

FINANCE

歐元的全球流動概況圖：中、美、法的投資連結度比較

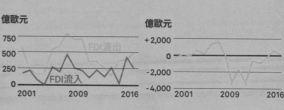

國外直接投資（FDI）

億歐元

750
500
250
0

FDI流出
FDI流入

2001　　　2009　　　2016

資產組合投資

億歐元

+2,000
0
-2,000
-4,000

2001　　　2009　　　2016

依照定義，必須由本國籍的投資人對外國籍企業進行投資，並持有10%的資本或投票權，才能定義為國外直接投資。如果不符合上述要件，則會被定義為資產組合投資。

資產組合投資比國外直接投資的波動率高，具有潛在的「順循環」特性，也就是當經濟熱絡時，這類投資會讓企業更容易融資（如2006～2007年）；當經濟放緩甚至陷入經濟危機時，資金流也會乾涸。例如在次貸危機末期（2009年）以及歐元區主權債務危機時期（2010～2012年），法國的資產組合投資減少了3,000億歐元以上，相當於17%的GDP。

除了商品與服務交易帶動的資金流以外，（非銀行）資本的國際流動可以依其特性區分為兩種：一個是國外直接投資（FDI），這是一種穩定且長期的投資關係；另一種是資產組合投資，投資期間短得多，波動率也大得多。

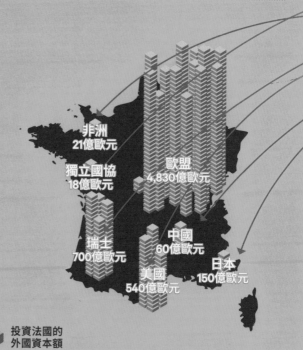

非洲
21億歐元

獨立國協
18億歐元

歐盟
4,830億歐元

瑞士
700億歐元

中國
60億歐元

美國
540億歐元

日本
150億歐元

（資料來源：法國央行法蘭西銀行及世界銀行）

 投資外國的法國資本額

 投資法國的外國資本額

250億歐元

2016

500億歐元

2016年法國的FDI流量總額約為750億歐元，相當於3.5%的GDP，其中法國投資外國（流出）的FDI流量為500億歐元（=2.5%GDP），外國投資法國（流入）的FDI流量則為250億歐元（=1%GDP）。

與法國有投資關係的對象過半數（56%流出的FDI）、甚至絕大部分（近75%流入的FDI）都是歐盟成員。

1% 3%

相反地，對中國的投資雖然從2000年以後便急速成長（FDI流入增加60億歐元，流出增加350億歐元），但在總額中的占比仍然很小（分別為低於1%及3%左右）。

6,600億歐元   12,000億歐元

2016年法國投資國外企業的FDI存量高達12,000億歐元（=60%GDP），2000年時僅4,000億歐元（=22.5%GDP）。外國投資法國企業的FDI存量也同步成長，過去的存量只有現在的1/3不到（2016年為6,600億歐元，2000年為2,000億歐元）。

-9.2%
-7.4%

法國與美國的財務連結自2000年以後愈來愈薄弱，雖然連結程度依然很高，尤其是流出的FDI達2,300億歐元，相當於總存量的20%。

4%   2%

法國與非洲、獨立國協的連結同樣有所進展，主要是透過法國對這些國家的投資（在2000～2016年間分別增加400億歐元與250億歐元），不過以法國FDI流出總額來說，占比相當低（對非洲低於4%，對獨立國協稍高於2%）。

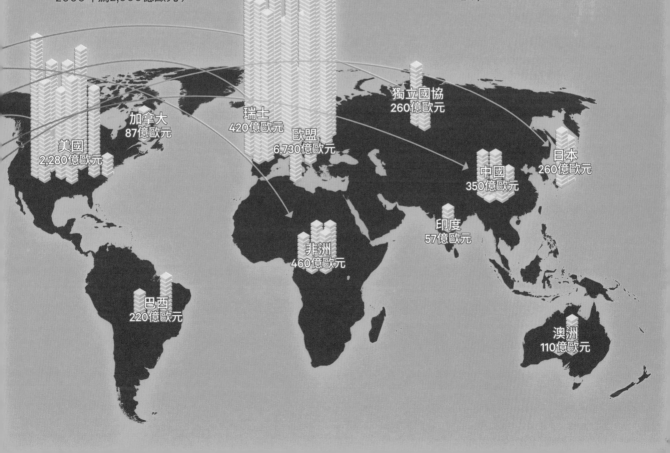

獨立國協
260億歐元

加拿大
87億歐元

瑞士
420億歐元

歐盟
6,730億歐元

美國
2,280億歐元

日本
260億歐元

中國
350億歐元

印度
57億歐元

非洲
460億歐元

巴西
220億歐元

澳洲
110億歐元